图说中国
诞生礼仪

学术顾问委员会

宋兆麟　祁庆富　李露露

编辑出版委员会

主　任　聂震宁

委　员　焦国瑛　李　峰　宋焕起
　　　　张栓才　薛春民　刘学武

作　者　邢　莉

中国出版集团

世界图书出版公司
西安　北京　上海　广州

图书在版编目（CIP）数据

图说中国诞生礼仪 / 邢莉著 . —西安：世界图书出版西安有限公司，2016.1（2018.12 重印）

ISBN 978-7-5100-9966-3

Ⅰ.①图… Ⅱ.①邢… Ⅲ.①诞辰—风俗习惯—中国—通俗读物 Ⅳ.① K892.21-49

中国版本图书馆 CIP 数据核字 (2015) 第 223772 号

图说中国诞生礼仪

策　　划	薛春民
著　　者	邢　莉
责任编辑	冀彩霞
整体设计	海　洋　苗　洁
设计制作	北京锦绣东方图书设计有限公司
出版发行	世界图书出版西安有限公司
地　　址	西安市北大街 85 号
邮政编码	710003
电　　话	029-87214941　87233647（市场营销部）
	029-87235105（总编室）
传　　真	029-87279675
经　　销	全国各地新华书店
印　　刷	保定市正大印刷有限公司
开　　本	787mm×1092mm　1/16
印　　张	15.5
字　　数	115 千字
图　　片	600 幅
版　　次	2016 年 1 月第 1 版　2018 年 12 月第 7 次印刷
书　　号	ISBN 978-7-5100-9966-3
定　　价	66.00 元

☆如有印装错误，请寄回本公司更换☆

前言

  人类从诞生的时刻开始,就在不停地探索宇宙,也在不停地探索自己。人是生物的人,也是社会的人、文化的人。人是生物的人与文化的人的复合体,而人类的生育文化是人所创造的全部文化的重要组成部分。

  从古至今,中国都是世界上人口最多的国家,中国人不仅注重生育的数量,而且注重生育的质量,在生育文化方面有许多优生优育的传统观念。这表明中国的生育文化历史悠久,源远流长。从中国生育文化的整体构架来看,生育文化不仅包括求子习俗、生育方式、诞生礼仪、保护婴儿、抚育婴儿等种种习俗,而且还包括伴随于其中的丰富多彩的口承文化。从研究的角度解析,中国的生育文化包括两部分:一是民众在生育过程中的一系列行为方式和仪式;另一方面是生育信仰。生育信仰是民间信仰的重要组成部分,构成了生育文化的核心。

  生育信仰肇始于原始社会,并一直绵延于文明社会。佐证其存在的是远古时代的岩画。在岩画的画面上,人的交媾往往与动物的交媾同时出现。若用巫术思维来解释这类岩画,便可以得到一种观点,即人的交媾既可以促进农业、牧业的丰收,又可以完成人类繁衍的使命。这种观点不仅在著名的人类学家弗雷泽的《金枝》中有所论述,而且还被我国丰富多彩的古代岩画所证实。

  早在远古时代,我们的祖先就有了性的概念。原始人的性概念,主要透过特有的符号来表现。中国各民族的神话中都有始祖母的形象，女娲就是人类的始祖母。与女娲同位的还有布努瑶的创世女神和始祖女神密洛陀。萨天巴是侗族的始祖母神，壮族的始祖母是花婆，云南宁蒗纳西族地区传说的干木女神也是女始祖神的形象。从崇拜女性与图腾到崇拜祖先，经过了一个缓慢的发展过程，最早出现的祖先神应该是女神，而后才出现了男性祖先。在文明社会里，神话信仰的女神与民间信仰的女神都成为人们求子的偶像。

生育信仰不仅贯穿于求子的过程中，而且也贯穿在庄重神圣的诞生礼仪的各种仪式之中。人生中的某些重要环节几乎都有与之相适应的人生礼仪，这种环节常取决于个人生理的发育和社会的认可，所以要遵循一定的礼仪模式。按照人生的不同阶段，人生礼仪可分为诞生礼、成年礼、婚礼、寿礼、丧葬礼五个重要阶段。仅就诞生礼仪而言，其中包括求子仪式、孕期习俗、庆贺生子及一系列的内容。这刻印着人对自身来源的不断探索，凝聚着人类对种族繁衍的殷切希望，浸透着善良的人性和崇高的审美精神。这本书向读者展示的就是这样的图景。

中国各民族的诞生礼仪与社会组织、信仰、生产和生活经验等多方面的民俗文化相互交织、累积着劳动人民的生产智慧、生活经验、医药知识、民间信仰等，折射出了家族、宗族和民间组织的活动背景，因此，诞生礼仪的价值不仅表现在其自身的层面，而且还对民俗文化的整体具有一定的价值。它包蕴着劳动人民的智慧，集中了劳动人民的创造力，是劳动人民生活的真实记录。呼唤生命、重视生命、珍惜生命是中国人生礼仪的主题，它集中体现了广大劳动人民的生命哲学。这是中华民族之所以生生不息的财富和源泉。正因为如此，《联合国教科文组织发展纲要》中提出："记忆对创造力来说是极端重要的，对个人和各民族都极为重要。各民族在他们的遗产中发现了自然和文化的遗产，有形和无形的遗产，这是找到他们自身和灵感源泉的钥匙。"

我们由此可以看出，西方人类学家重视对仪式的研究，正是因为它不仅仅是一份"遗产"，而且能够成为开启未来智慧的钥匙。从另一种意义上来讲，中国的诞生礼仪为世界文化的多元化增添了更多的光彩。

目　录

第一章　生育观的渐变

第一节　万物生人　2
　　天公地母　2
　　水生人与石生人　10
　　植物生人与动物生人　10
第二节　感生神话　15
第三节　男女生人　27

第二章　求　子

第一节　众多的送子神灵　36
　　观音送子　37
　　碧霞元君送子　39
　　天仙送子　41
　　西王母送子　42
　　众多的生育神　43
　　张仙送子　48
第二节　拴娃娃和抱娃娃　50
　　供奉龙牌　51
　　套娃娃　52
　　拴娃娃　52

抓髻娃娃　53
第三节　多样的求子方式　57
　　向石求子　57
　　向水祈子　60
　　向树祈子　60
　　食物求子　62
　　麒麟送子　65
　　架桥求子　67
　　送灯求子　68
　　佩物求子　72
　　装饰求子　72
　　其他求子习俗　73

第三章　婚俗与节日的共鸣

第一节　婚房与婚床　78
　　婚房的布置　79
　　婚床的布置　84
　　娘家的贺礼　86
第二节　喜事的祈愿　90
　　压　轿　91
　　拜天地　94
　　合　卺　95
　　吃红鸡蛋　96
　　撒　帐　97
第三节　节日与生子　100
　　元宵灯会与求子　101
　　三月三与高禖女神祭　103
　　人祖庙会与求子　107
　　七夕与种生求子　109
　　中秋与送瓜求子　110

第四章　诞　生

第一节　生命的孕育　114
　　胎　教　115
　　胎　神　117
　　娃娃圈　118

第二节　婴儿的诞生　119
　　顺　产　120
　　脐　带　123
　　重男轻女的陋习　124
　　哺　乳　126
　　产　房　128
　　报　喜　129
　　其　他　130

第五章　诞生礼仪

第一节　满月前的礼仪　132
　　洗　三　132
　　扣娃娃　135
　　打三灶　135
　　过十天　136

第二节　周岁内的礼仪　138
　　满　月　138
　　剪　发　139
　　送背带　140
　　过百日　143
　　抓　周　144

第三节　多个民族的摇篮礼　148

第六章　生命的抚育

第一节　丰富多彩的服饰　152
第二节　儿童与端午节　159
第三节　护身符　165
　　长命锁与百家衣　166
　　压岁钱　168
　　认干亲　170
　　预防疾病　172
　　保婴巫术　178

第七章　幼儿的教育

第一节　家教有方　182
第二节　玩具与游戏　200
　　室外游戏　204
　　室内游戏　216
　　节日游戏　226
第三节　学馆教育　231

主要参考文献

结　语

第一章
生育观的渐变

我从哪里来？人类从哪里来？擅长思维的中国人和世界上很多民族一样，从远古的原始社会就开始一直思索着这个问题：是开天辟地的盘古创造了人类，还是神话传说中的女娲抟黄土做成了人？这个问题经过千百年的思索，最终形成了中国人自己的生育观。

第一节　万物生人

关于人类生育的问题，中国各民族有着丰富多彩的神话。从漫长的原始社会开始，民间信仰就认为，童年的人类崇拜各种神灵，人们把人类赖以生存的自然视为人类的来源，认为人是由自然创造的。宋兆麟先生在《中国生育信仰》中认为："物生，又称化生，指人和万物都是自然物生成的。"从表面上看，是诸神造人，实际上人是自然物所生，即人为自然之子。

天公地母

中国人具有天神信仰的传统。"万物本乎天"的观念包含在深层的民间信仰之中。在中国的典籍中有许多关于生育的记载，但是真正把昊天当成活生生的生育之神还是在丰富多彩的民间信仰之中。在中国人的信仰里，天不是自然之天，而是宇宙万物

扶桑　微山画像石　汉代

第一章　生育观的渐变

器物上的生育神形象

象形文字"地"

女娲　画像石　汉代

的主宰，这位创造万物的至高无上的神当然也能创造人类。而在民间信仰里，太阳神是天神的具象。《山海经·大荒西经》记载，羲和是太阳的妻子，她生了十个小太阳。这个神话在现代人看来是荒诞不经的，但是在中国人的神话观念里，不仅人能生育，而且太阳也是能生育的。因此，东方人崇拜太阳，并视其为太阳神，考古器物上发现有很多的太阳纹就是有力的证明。

土地是万物之源。万物土中生，土能载万物。它是丰产的沃土、生命的温床。相传中国女始祖神女娲抟黄土做人，因此被称为"地母"。关于生育的神话，远古人的认识可以分为两个阶段。第一阶段认为天神和地

地母　《中国民间木刻版画》

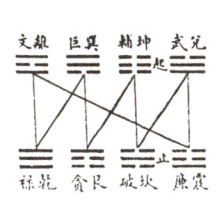
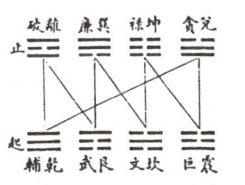

地母卦与天父卦

女娲　《盘古唐虞传》

后土故事　山西运坂

土地公婆　《中国民间神像》

后土故事　山西运城

神都是创造人类的源泉。这一阶段人们认为天与地都是有创造力的,其创造力不仅包括创造万物,而且包括创造人。最初土地神的形象为女性,经过演化后被称为"后土娘娘"。山西介休县内有著名的后土庙,山西运城存有清代的关于后土故事的绘画就是证明。随着时间的推移,土地婆、土地公的形象也是经过后人的不断演变而成为今天的形象的。第二个阶段认为天与地结合后一起生育了人类。天地生人的神话在《绎史》卷一引《五运历年记》有载:"元气蒙鸿,萌芽兹始,遂分天地,肇始乾坤,启阴感阳,分布元气,

纳西族祭天仪式　宋兆麟供图

后土故事　山西运城

第一章　生育观的渐变

天皇氏　《三才图会》

盘古氏　《三才图会》

天地福寿纹　剪纸

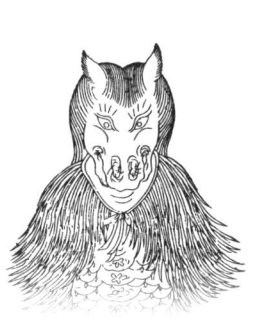
人皇氏　《三才图会》

地皇氏　《三才图会》

天地福寿纹　剪纸

乃孕中和，是为人也，首生盘古，垂死化身。"所以，中国人在祭祀天神的同时也祭祀地神。慢慢地，在人们的生育观念中，逐渐形成了天公地母等神灵的形象。后来，人们往往把对超自然的信仰人格化，以天为男、为父，以地为女、为母。纳西族自古至今都有尊天崇地、代代传承的隆重的祭天仪式。

中国云南纳西族的《祭天古歌》中，在祭祀天神的同时也祭祀地神：
不把握祭天的古规，
天盖就不会变得空旷敞亮；
不依循祭地的规程，
大地就不会变得广袤结实。

在纳西族的《东巴经》中，仍然保留了丰富的象形文字，其中有不少描写天与地以及天地生育万物的象形文字。例如，象形字上为天，下为地，中间为交叉状，象征着天地交合以化生万物；象形字上为天，下为地，

青蛙八卦图　东巴神画　《民间绘画》

中间为蛙，象征着天地交合而生蛙，这里的"蛙"代表万物；象形文字中上为天，下为地，中间为两个人，即上男下女，天气为阳气，地气为阴气，二气交合才生万物。这里的万物不仅包括蛙等动物，而且也包括人类。

我国彝族的古代美术蕴藏着丰富的文化内涵，彝族的古图《天人和地人》表示第一个下地的天人是笃勒愁汝，第一个出地的地人是撮矮阿颖。

两龙相抱生四方，形成宇宙
彝族那史　《黔西北彝族美术》

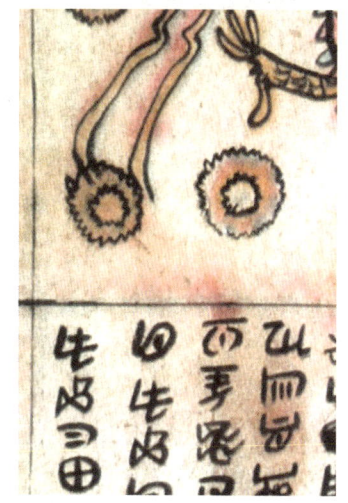

万物之母　彝族那史
《黔西北彝族美术》

图说中国诞生礼仪

马王堆汉墓帛画　长沙马王堆

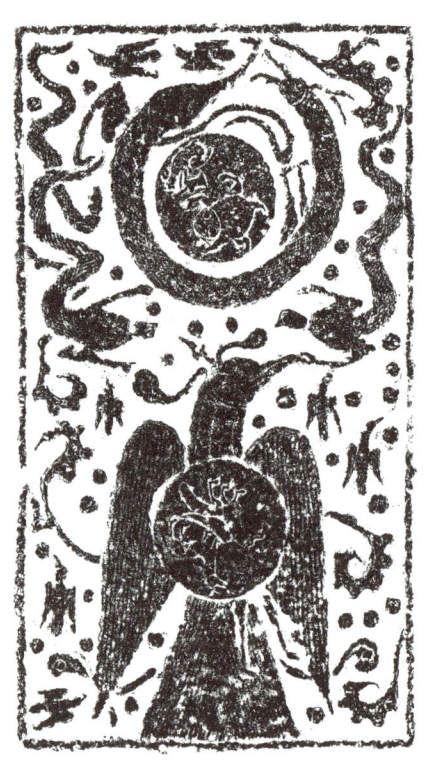

龙凤日月　汉画像石　《中国画像石全集》

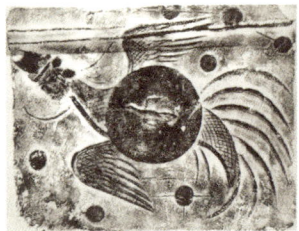

日神　汉画像　四川邛崃县

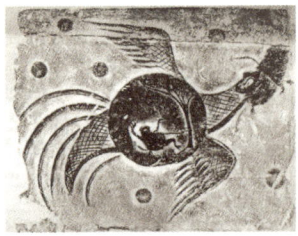

月神　汉画像　四川邛崃县

扶桑—太阳纹
《山东画像石选集》

弋射衣箱饰纹　曾侯乙墓　　　二十八宿衣箱　曾侯乙墓　　　蝴蝶妈妈

在民间信仰体系里，常常把天地与日月相对应，而太阳神是天神的具象。人们认为不仅太阳能够生育，而且月亮也是可以生育的。相传月神常羲也生育了十二个小月亮。日中有鸟，月中有蟾，这里的鸟和蟾蜍，都是创造生命的象征。

原始先民用万物有灵的观念看世界，认为花草树木与人一样也是有灵魂的。他们以树为祖，认为树木是万物生殖和人类生命繁衍的象征，于是形成了图腾崇拜和巫术信仰。在农业社会里，高大茂密的扶桑树被先民们认为是可以诞生生命的生命之树。生命树上的玄鸟和太阳鸟是东方古老部

蝴蝶妈妈　《苗族剪纸》

族的图腾。战国楚文化的经典之作——曾侯乙墓出土的衣箱图绘，清晰地表达了这种观念：花状线条示意十个太阳，左右的若木上栖息着太阳鸟和双凤，双头蛇呈双交形状，象征着通天通神的生命符号。在绘有二十八

宿的衣箱上，龙虎纹神活灵活现，阴阳符号寓意明确，充分表现了人类的生命理念。

水生人与石生人

在中国古代还有水生人与石生人之说。水，这遍布世界的波光闪闪的物质早就与人类结下了不解之缘。当古希腊的哲学家泰里斯感叹"水为万物之母"的时候，《管子·水地篇》也云："水者，何也？万物之本源也，诸生之宗室也。"由此可以看出，东西方的文明也有相通之处。云南乌蒙山彝族的典籍《六祖史诗》记载："人祖来自水，我祖水中生。"由此可见，水为万物之本，水为生命之源。既然如此，在中国人的民俗观念里，喝水也可以得子的习俗就很容易理解了。但是这里的水，不是我们通常意义上的普通水。例如，湖南省耒阳市有个叫十里洞的山洞，洞里有眼山泉，相传如果求子者喝了洞里清冽的泉水后，就可以得子。《岁时广记》卷一记载："正月雨水，夫妻各饮一杯，还房获时有子，神助也。"

人从石来，这又是古人对人类起源的另一种探索。人类与石头的关系是极为密切的。我国古人非常崇拜石头，认为石头是生命的起源，民间至今仍有许多向石头祈求生子的习俗。《淮南子·修务篇》中就有治水的大禹生于石头的神话传说。清代曹雪芹《红楼梦》中的贾宝玉是石头的幻形入世，故他一旦失去身上佩戴的通灵宝玉，灵魂便会出壳，等等。这些都是石生人的有力写照。

植物生人与动物生人

除了水生人和石生人之外，还有植物生人和动物生人的传说。中国阴阳五行的观念认为："当生万物莫善木。"这里的"木"就是指树木，于是树就成了万物生殖的象征，也就成为人类繁衍的象征。在神话传说中，赫赫有名的治水英雄大禹曾与涂山氏行夫妇之道于台桑之地。台桑之地就是野合之地，也就是我们现在所说的交合的处所。扶桑也就是神话中的生命之树。在许多民间祭祀中，也有崇拜长生不老的生命树的记载。

他们认为树是生命之源,在《山海经》《淮南子》《周礼》等典籍中都有所记载,出土的文物对上述记载也做了进一步的印证,足以说明参天大树的生命意义。

我们翻阅了大量的历史资料并没有找到有关树木生人的直接记载,却在迁徙到泰国的瑶族同胞珍藏的家谱《邓才贵家祖图》中看到这样的景象,上面画有一棵树干笔直粗壮、结满累累果实的参天大树,据说这就是生命树。信仰藏传佛教的藏民尊崇神树,

生命树　邢莉摄

姜央姜妹　《苗族刺绣》

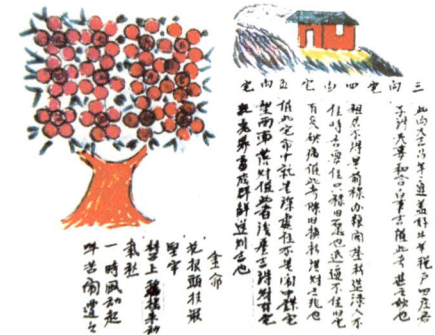

神童骑葫芦　中阳剪纸　　　　　　生命树

　　在青海塔尔寺附近，他们把一条条蓝色和白色的哈达披挂在神树上，表示对神树的崇拜。诸如这样的崇拜，从古至今，绵延不绝。在汉族居住的一些地方，也有在树上悬挂红布条来祈子求福的习俗。

　　在中国少数民族的神话中有关于树木生人的记载。《苗族古歌》追溯了古老的苗族的起源。在云海朦胧的原始社会里，有一棵枝叶繁茂的大枫树，高大的枫木孕育着苗族的母祖大神——妹榜妹留，它就是传说中的蝴蝶妈妈。枫木树梢化作了鸡宇鸟。蝴蝶与水上的泡沫结合之后怀孕，生了十二个蛋，蝴蝶妈妈没有足够的能力抱孵，于是就请鸡宇鸟帮忙。鸡宇鸟、龙、蛇、虎等各种动物互相协作，最后孵出了人类的祖先——姜央。

　　关于人是从哪里来的这个话题，从遥远的古代，人们就开始进行不懈的探索。我国不少民族，例如汉、彝、基诺、高山、仡佬、壮、侗、黎、水、布依、佤等民族都有人是从葫芦里走出来的神话传说。拉祜族首府的门楣上就挂有葫芦，他们传说天神厄莎叫男人扎笛和少女娜笛共同繁衍人类。

姜央姜妹（神公神母）《苗族刺绣》　　　鼠咬天开　《拉祜族祖先神话》

少女娜笛躲了起来,于是天神叫扎笛做了葫芦笙,又教给他71套葫芦调,他吹的乐曲感动了娜笛,于是他们结亲后一起繁衍了人类。其他民族的神话传说与此大同小异,但是都赋予葫芦生人以神圣的意义。居住在我国云南边陲的拉祜族流传有《牡帕密帕的故事》。故事讲的是,在混沌未开之时,天神厄莎种了一个葫芦,结果招致老鼠来啃,经过三天三夜,一男一女从老鼠啃开的葫芦中走了出来,于是他们就成为拉祜族的祖先。春秋战国时期的诗歌总集——《诗经》在描绘瓜蔓的时候,多处使用了"绵绵"这个词。《集传》解释曰:"瓜之近本初生者常小,其蔓不绝,至末而后大也。"绵,从帛从丝,织帛的丝当然绵绵不绝。这里,古人用绵绵瓜瓞描绘了人们对子孙繁盛的联想画面。

葫芦　邢莉摄

白釉黑花葫芦瓶
《中国少数民族文化史图录》

刻有吉祥图案的葫芦　刘学武摄

世代生活在四川凉山和云南哀牢山的彝族是崇虎的民族,彝族人认为是虎创造了人类的祖先。他们自称为"罗罗",意思就是虎人或者虎族。男人自称"罗罗颇",意即公虎,女人自称"罗罗嫫",意即母虎。这样的观念可以追溯到遥远的图腾崇拜时代。他们的祖先创造了不朽的史诗《梅葛》。在《梅葛》里,他们勾画了一部宇宙模式图。在模式图中,他们认为,苍天大地、辉煌的日月以及闪亮的星河,这一切都是由虎体肢解而来。根据唐楚臣先生调查,该地区的人把正月初八定为虎日。在这一天,彝族人要举行活动,众人装扮成黑虎,跳犁田、耙地、撒秧、薅草、收割、打谷等生产舞蹈,或者跳虎亲嘴、虎交尾、虎护蛋等生殖舞蹈。云南双柏县有一虎山,根据当地老年人讲,该村的虎山上有三块虎石,分别代表公虎,母虎和虎子。公虎又叫"接脉虎",意即公虎具有传宗接代的功能。那里的妇女如果不孕，就会到母虎前烧香求子，如果想生男孩就到公虎前一边烧香，一边抚摸公虎的生殖器，据说这样就可以让求拜者称心如意。在民间，有很多崇虎的习俗，民间的雕塑、剪纸、农民画以及儿童服饰上都有各种各样的虎的形象。人们崇尚虎的威严，认为虎是百兽之王，应属阳男性，所以生了男孩以"虎"字命名的很多，而且还经常用"虎头虎脑"来形容男孩子的活泼可爱。孩子满月或周岁时，亲戚或长辈还会送上一双虎头鞋、一顶虎头帽、一个虎头枕等，祝福孩子健康成长，像老虎一样虎虎生威。

虎图腾　彝族那史

虎舞　庹修明提供

第二节　感生神话

人从哪儿来？又到哪儿去？在人类的童年，人类常常把自己与祖先，与某种动物、某种植物或者某种无生物联系在一起，在各民族丰富的神话传说中记载着人们对人类来源的不倦的探求。

探索人类来源第二个阶段为感生。即人类不是由自然物生成的，而是受另外一种感应的力量而生成的。感生指"由两种事物结合起来而生育人类，一方面是妇女，另一方面是某种感生物，多半是动植物，也有一些无生物"。感生产生了许多神话传说，主要以下面两种说法为主：

一种说法是人与植物感应可以生人。这类神话是指妇女吃了某种植物的果实或受感于某种植物而生育。在《旧满洲档》的《天聪九年档》的五月初六日中记载了这样一个神话。有一天，三位天女——恩库伦、哲库伦和佛库伦，到彼布勒霍里湖沐浴。一只喜鹊衔来一颗红色的果实，佛库伦看到后将其吞食下去，而后生出一个男孩，这个男孩就是满族的祖先——布库里雍顺。这个故事在《清太祖武皇帝实录》和《清太祖高皇帝实录》中被演义得更为精彩。在《后汉书·西南夷列传》里记载有三个女子在水边嬉戏，适逢"三节大竹流入足间，闻其中有号声，剖竹视之，得一男儿，归而养之。及长，有才武，自立为夜郎侯，以竹为姓"。由此可见，古代夜郎国的祖先据传说是女子与竹感应而生的。

还有一种说法是人与动物感应而生人。中国的瑶族、畲族和苗族的一个支系都有崇拜狗的传说。这个传说就是人类学家和民俗学家都很关注的盘瓠神话。在中央民族大学博物馆收藏了一幅珍贵的古图，它就是畲族的祖图——"狗皇图"。这张祖图共6张24个画面，讲的是史书和传说中关于畲族起源的故事。古代高辛王与吴王打仗，高辛王屡屡失败。于是他许诺谁能够拿下吴王的头颅，就把自己的三女儿嫁给他。结果出人意外，吴王的头被一只长着五彩绒毛的大犬——盘瓠拿下。高辛王只得把三女儿嫁给大犬，并立这头大犬为王。从此，盘瓠与三公主繁衍后代，他们就成了瑶族的祖先。这则神话在《后汉书·西南夷列传》《搜神记》《蛮书》里都有记载。大学者郭璞的注释里也记载着"盘瓠杀戎王，高辛以美女妻之"这一传说。盘瓠杀敌立功，得了三百里封地，是谓"狗封之国"。这则神话故事以口头形式在民间广泛流传，并且有多种异文。

盘瓠神话

但是其主要情节无非是高辛氏族与狗氏族通婚后才繁衍了人类。学术界有些学者认为,这则妇女与狗繁衍人类的故事是图腾信仰的产物。

笔者于2004年与韩国国立文化研究所的学者,到广西全洲东山乡的瑶族村落进行调查时,也听到了同样的神话传说。在"文化大革命"以前,这里的村落每年要举行三次重大的祭祀活动:农历三月三日为上皇盘古生辰,由一两个头人备办三牲酒礼、活鸡一只,请师公到庙里作道事一套,拜庙王神灵保佑瑶家全年大吉;农历六月六日是中皇盘古生日,头人备办酒肴钱纸、活鸡五只以上,师公五名到庙里做法事一昼夜,祈求五谷大仙

盘瓠神话之大耳婆娘

盘瓠神话之医官剑出犬子

盘瓠神话之咬断番王头

盘瓠神话之公主

盘瓠神话之赐子姓名

盘瓠神话之狗王降陛仙
注：盘瓠神话七幅均选自《广东畲族古籍资料汇编》

灭虫保苗，保佑庄稼免遭灾害，获得好收成；农历十月十六日三皇盘古生日，是罢稿节，此时庄稼丰收，粮仓满载，村民们举行盛大的庆典活动，以便酬谢盘王和众神。这里的盘古大王就是传说中的盘瓠。盘瓠的形象也经历了犬、犬头人身和人三个阶段。

四川凉山彝族有其祖先为支格阿龙的传说。传说支格阿龙的母亲蒲么伊么正在织布，突然一只鹰从她头顶飞过，她与鹰滴下来的三滴血相互感应，于是生下儿子——支格阿龙，支格阿龙后来成为彝族人心目中的大英雄。

卵生人的神话也属于这一类。《史记·殷本纪》记载了简狄吞卵而生契的故事。故事传说简狄是因吞食鸟卵而怀孕的。《诗经》中"天命玄鸟，降而生商"的神话也是人人皆知的。

远古时期，由于科学技术不发达，人们不知道生育是女子与男子交合的结果，于是产生了对男性生殖器的崇拜，传说中所说的鸟生人不是鸟直接生人，而是女人吞食鸟卵而生人，卵在这里有如男性生殖器。郭沫若先生认为："无论是凤或燕子，我相信这传说是生殖器的象征，鸟直到现在都是（男性）生殖器的别名。"根据既成的习惯，鸟也指男性生殖器。另外，还有人可以与无生物感应而生子的神话传说，姜嫄与巨人的脚印感应而生子就是其中的一例。

传说有一妇女拾了一只卵回家，卵化生出一个婴儿，起名为"橛"。橛的本领比常人大多了，他可以使偌大的平阳陶唐金城一夜之间建成。嫉贤妒能的刘渊想杀掉他，而他忽然之间就化作了一条金龙。在这个传说中，人与龙可以互变，中国人把自己的诞生与龙联系在了一起。在中国的铜器、玉器、瓷器、漆器上，二龙戏珠的图案非常普遍。由龙演化出人面蛇身的形象，并且在画面上方配三个向上的三角箭头，作为男性生殖器的符号，在画面下方，配三个倒三角形，作为女性生殖器的符号，这些符号清晰地表达了古人的生育观念。

在这里，我们看到了一个很有意思的文化现象，无论是动物、植物，

输必孜的本相为两条龙，象征夫妻
彝族那史　《黔西北彝族美术》

伏羲女娲　汉画像石　四川崇州市

泥塑女神像
《中国少数民族文化史图典》

石雕女神
克什克腾旗博物馆藏

雕塑孕妇像
《中国少数民族文化史图典》

还是无生物，其感生的对象都是妇女。这就说明，人类对自己生命诞生的探讨还处于对女性崇拜的时代。在生产力极其低下的原始社会，人类要维持自身的生存，就不能不关注"种的繁衍"这个问题。在人类的自身生产中，妇女占有突出的地位，这一方面是由女性的生理特点所决定的，另一方面原始人的生育知识水平低下，人们认为妇女生来就有一种神秘感，因此在原始社会中女性就被看作是生命之源。那么，1979年在辽宁喀左的东山嘴和凌源的牛河梁出土的女神震撼了世界就不足为奇了。另外，在辽西喀喇沁左翼蒙古族自治县发现的原始社会末期大型祭坛遗址里，有两件陶质孕妇裸体小像，她们腹部隆起，臀部肥大，左手贴于上腹。由此可以判断，她们就是我们常说的生育神了。

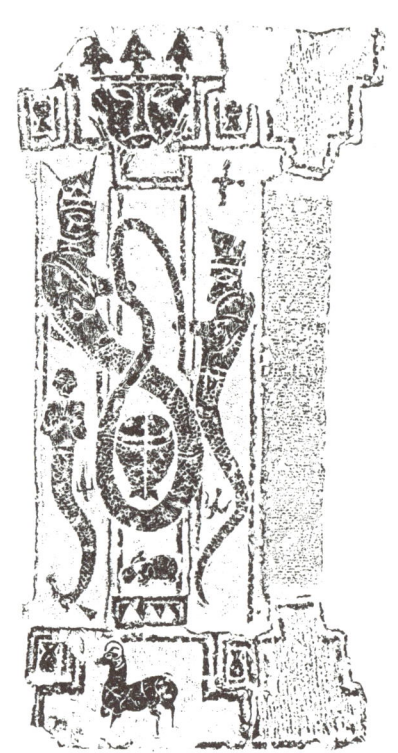

铺首人身蛇尾　汉画像石

瑶族过山榜图

女娲氏炼石补天　《山海经》

龙母纪实　《点石斋画报》

神话中各民族的始祖母，一般都是集生育神、丰产神、地母神为一体的女神形象。在遥远的史前时代，华夏子民就创造出了女娲造人的神话。遍及华夏大地的女娲宫、女娲庙不仅留下了人类远古的回音，而且还表明人们对女始祖的缅怀绵延至今。根据学者调查，从白山黑水到广东广西，从黄土高坡到东南沿海，女娲庙、女娲石、女娲洞、女娲节遍及全国各地。女娲的神格是什么形状呢？东汉王逸注释《楚辞》曰："传言女娲人首蛇身，一日七十化。"好个"一日七十化"，"化"在这里当指孕育、化生万物之意。当然主要指化生人类，于是有人干脆这样解释，女娲化生人类达七十多次。有的学者认为，女娲的原型是葫芦，有的学者则认为女娲的原型是蛙。无论是蛙还是葫芦，它们都与多子相联系，都是多子的象征。

西王母　汉画像石

双凤鸟衔联珠交龙　汉画像石

女娲造人　王芝兰制作

在各民族的神话传说中，也有不少女神与女娲的位置相同。首先应该提到的是西王母。《山海经》里西王母的形象是豹尾虎齿。她的确具有多重神格，后来又被仙化了。学术界认为，如她的异名"西皇""西母"所示，西王母是我国西方戎狄集团的老先妣、大祖母，是母系氏族的产物。闻一多先生甚至认为她可能具有中华民族总先妣的资格。所以《易林·之卒》云："西逢王母，慈我九子，相对欢喜。王孙万户，家蒙福祇。"由此可以看出，西王母是中国的大母神。

布努瑶的创世女神和始祖女神是密洛陀，侗族崇拜的女神是萨天巴，壮族的花婆、云南宁蒗纳西族地区传说中的干木女神也是女始祖神的形

彝族祖先　宋兆麟提供

苗族祖先　宋兆麟提供

鄂温克族祖先　宋兆麟提供

女像石座　宁夏银川西夏皇陵

傩公　傩母　庹修明提供

嬷嬷神　满族剪纸

高山族木雕女人梳
中央民族大学博物馆藏

女阴崇拜
山曼摄

湘西的女阴洞
邢莉摄

央公与央母木雕　晚清

半坡人面鱼纹彩陶

双耳偏口蛙形陶壶　马家窑文化

碧玉蟾　清代玉雕　苏州博物馆藏

蛙耳枕　《黄河十四走》

蛙人　剪纸

象。从崇拜女性与图腾到崇拜祖先经过了一个缓慢的发展过程，最早出现的祖先神应该是女神，而后才出现了男性祖先。

　　各民族都有自己的祖先像。对女神的崇拜还表现在对女性生殖器的崇拜上。中国各地有数不胜数的"观音洞""女娲洞""织女洞"、女阴石等，它们都是女性崇拜的象征。对女性的生殖崇拜在民俗考古学的资料中可以找到很多例证。例如，甘肃马家窑文化的陶器上出现了大量的蛙肢纹。赵国华的《生殖崇拜论》认为："创造马家窑文化的远古先民，

贵州腊染刺绣　鱼鸟花纹

榴开得子　清　河北三河

贵州腊染 荷花石榴桃鸟猫纹

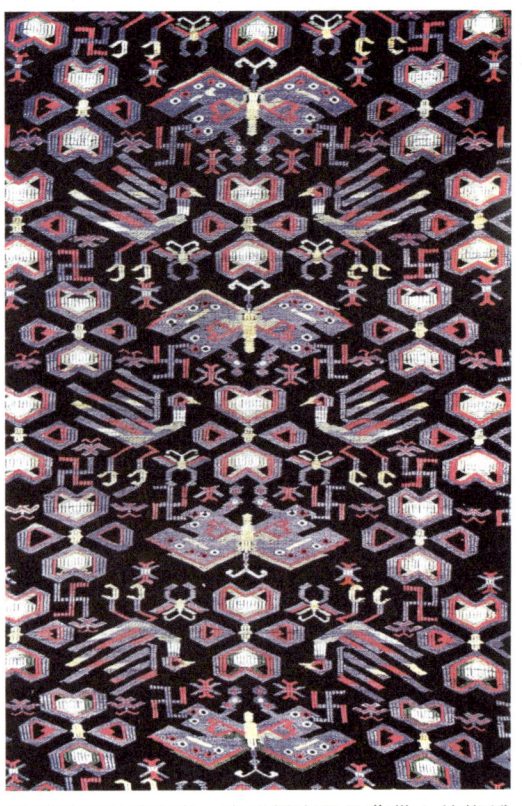

蝴蝶妈妈与鸡宇鸟　这是绣在婴儿背带上的蝴蝶妈妈与鸡宇鸟形象，它们都是婴儿的保护神
《贵州蜡染》

石榴生子　《中国古禅画与传说》

以蛙象征女性的子宫（肚子），实行生殖崇拜，他们以一定数量的蛙为祭品，举办蛙祭。"所以蛙是女性的性符号，莲花、葫芦也是如此。以花象征女性，在民歌、民谣中比比皆是。根据赵国华先生考证，河姆渡的叶形刻花纹、庙底沟型的叶形圆点花纹、秦壁村的花瓣纹、马厂型及青海柳湾的叶形纹，都具有模拟女性生殖器的性质。半坡文化的人面鱼纹、马家窑文化的蛙形陶壶都寓意生殖崇拜。以花卉植物象征女性生殖器的生殖崇拜，是原始人类制造陶器纹样和陶器造型的一个源头。精神分析学家弗洛伊德指出："以花象征性是很平常的事。"在中国第一部诗歌总集《诗经》中，桑、梅、桃、李、蘩、苹、蔷薇、花椒等都象征女性，有的后来转化为吉祥物。所有这些都表现出人类对生育的崇拜。各民族、各时代、各种形式的物件，都包含了清晰而丰富的生育符号。

第三节　　男女生人

原始先民交媾图　阴山岩画

生育神　阿拉善岩画

原始先民交媾图　新疆呼图壁岩画

"认识你自己！"到了文明时代后，人类对自身从哪里来的认识终于走到了科学文明的地步，即认为人是由男女生育而成的。这就是"性生"，即人类通过男女两性结合而生人。那么，人类认识到性生到底是从什么时候开始的呢？

古老的岩画中有多幅男女交媾的图像。在这些野合图像中，男女的性器官都非常发达。陈醉在《裸体艺术论》中认为性器官之所以发达，"是人类繁衍的欲求在宗教和艺术上的反映，也是人类最早对自身局部的艺术体现。他们把对自己本身的混沌朦胧的认识集中到一个具体的器官和部位，并且对他们顶礼膜拜。为的是

生殖崇拜图　新疆呼图壁岩画

伏羲女娲　古高昌国阿斯塔墓彩绢

太昊伏羲氏　《三才图会》

伏羲女娲

表明对人类生育的渴望"。

　　唐代李冗《独异志》中记载："昔宇宙初开之时，有女娲兄妹二人，在昆仑山，而天下未有人民，议以为夫妻，又自羞耻。兄即与其妹上昆仑山，咒曰：'天若遣我二人为夫妻，而烟息合，若不，使烟散。'于烟即合，其妹即来就兄，乃结草为扇，以障其面。"从这段文字中可以看出，人类是由女娲兄妹二人结合而诞生的。

　　汉代画像砖上有女娲、伏羲的形象。他们腰身以上是人形，身穿袍子，头戴冠帽，腰身以下则为蛇躯（有的为龙），而且两条尾巴缠绕在一起。伏羲手拿曲尺，女娲手拿圆规；有的画面上，伏羲手捧太阳，内有金乌，女娲手捧月亮，内有蟾蜍。有的画像二人之间还有一小儿，小儿之手拽二人之袖。伏羲女娲的画像有多种，古高昌国阿斯塔那墓室出土的伏羲女娲彩色绢画，上面伏羲和女娲均为人面，头梳高髻，两臂相交，两手上举，下裙合二为一，下身为两蛇相交。此外，我国新疆的古墓中也发现了多幅伏羲女娲像。《易经·系辞下》曰："天地絪缊，万物化醇，男女媾精，万物化生。"这是人类经过了漫长的探索过程之后对生命的诞生得出的正确答案。河南淮阳县的太昊陵又叫"人祖庙"，这里供奉的伏羲已变为人像，相传伏羲兄妹在此抟黄土做人，结网以渔，教民耕种，为人类的再传之祖，故当地人俗称伏羲为"人祖爷"。

满族祖宗盒　邢莉摄

山东峄山男根　山曼提供。

民俗学家宋兆麟先生在《中国生育信仰》中认为:"当时的生育信仰有两个特点,一是男神取代女神,所谓男神就是男性祖先信仰的兴起,无论是家庭、家族,还是氏族、部落,都有自己的男性祖先,并且有隆重的祭祖仪式;二是男根崇拜代替女阴信仰。"

红山文化遗址出土的石祖

新疆出土的石祖　宋兆麟提供

满族祭祀　邢莉摄

春节祭祀　山西郎庄

鱼鸟花　刺绣

　　男性的性符号也往往通过鱼、鸟等形象表现出来。《中国新石器时代陶器装饰艺术》认为，远古人类以鱼象征女阴，首先表现出了他们对鱼的羡慕和崇拜。这种羡慕不是一般意义上的羡慕，而是对鱼生殖能力繁盛的羡慕；这种崇拜也不是宗教意义上的动物崇拜，而是对鱼生殖能力旺盛的崇拜。西安半坡遗址出土的人面鱼纹彩陶盆，民间图案鱼戏莲、鱼钻莲、莲与鸟等都是生殖崇拜的隐语。在民俗中，鱼是多子的象征，在民间图案里有时用鱼比喻女性，有时比喻男性。后来演化为"年年有鱼（余）""连年有鱼（余）"等吉祥用语。

人鱼平绣袖腰花　贵州苗绣

鱼鸡鸟纹　《贵州腊染》

鱼鸟花蝶纹　《贵州腊染刺绣》

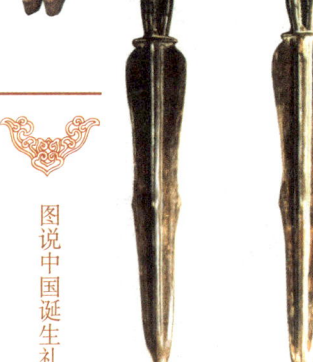 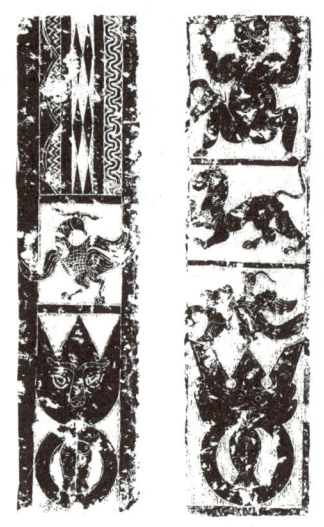 

阴阳剑 《中国少数民族文化史图典》　　男女阴阳符号 《山东汉画像石选》　　两性人 剪纸

当认识到由男女双方决定生育的时候，人们就开始崇拜起男性祖先来。这时男性祖先已经不属于人界了，而是与世俗的人疏离开来，被供奉到了神界。但是在远古传说中，神界与人界是息息相通的，神界护佑着人的生育和繁衍。对于祖先的崇拜普遍存在于中国广大的土地上，祭祀的形式也是多种多样。中国人之所以祈求祖先的原因很多，但是首要原因就是祈求祖先保佑自己子孙繁衍，多子多福。

当认识到生命诞生的原因之后，人类就把男女的相交与天地的相交相对应，以人类男女之事对应天地之间的沟通，以天地的沟通象征男女之间的沟通。正如《易·归妹卦》"彖"所云："归妹天地之大义也。天地不交，而万物不兴。归妹人之终始也。"人们崇拜男性祖先的同时也崇拜女性祖先，考古学的材料也证明了这一点。内蒙古昭乌达盟（今赤峰市）宁城南山根夏家店文化遗址出土了一件两侧曲刃青铜短剑，其剑柄上铸有裸体立像，一面为男，一面为女，人称阴阳剑；内蒙古考古文物中还发现了阴阳人。民间也有两性人的剪纸，所有这些都是男女沟通的象征。

龙交媾　汉代瓦当

交媾　邢莉摄

双龙　赵州桥石雕

双凤朝阳玉雕　河姆渡出土

我国的纹饰丰富多彩。古老的陶器、青铜器、漆器、玉器、瓷器及织锦上面的图案琳琅满目，美不胜收，这些图案都是有所象征的。有意思的是，在考古资料和民间艺术中还出现了两头共体的形象，《太平御览·羽族部》引《博物志》："雌雄相视而孕。"表明了繁殖的意蕴。新石器时代，丰富多彩的双鱼图案比比皆是，有逐戏式、连体式、比目式、交尾式、叠合式，等等。中国纹饰中常常出现动物的图像，而且这些图像常常成双成对出现，例如对马、对羊、对鸟、对鹿、对兔，等等。为什么会出现这么多的对兽形象呢？它们传达了一种什么样的民俗信息呢？在雄伟的赵州桥上，有两龙相交的图案。这又意味着什么呢？专

阴阳鱼　《苗绣苗锦》

家通过考证认为，这些形象也完全可以用繁殖巫术来解释。

八卦的两个基本符号"—"和"--"是抽象阴阳概念的简单符号，也是表明男性与女性的两个符号。这两个符号既相异又相交，阳中含阴，阴中包阳，阴阳变化，是谓"易有太极，是生两仪，两仪生四象，四象生八卦"。这个公式后由老子表述为"一生二，二生三，三生万物"。由此可以看出，阴阳八卦也是原始先民通过人类自身的繁衍而对大千世界的一种认识。

八卦图

八卦图

八卦图

八卦图

第二章 求 子

正如当代美学家李泽厚先生所说,中国的文化是乐感文化,不管飘浮在社会上层的人文思潮如何变化,民间百姓的乐生观念是根深蒂固的,百姓中长久积淀着强烈的生子愿望。中国举世无双的庞大的农耕经济、世代相传的儒家思想,促使人们形成了"多子多福多男子"的观念。人们为了实现子孙满堂的追求,遂在求子上做足了文章,多种多样的求子方式便自然而然地形成了。

第一节　众多的送子神灵

西方学者认为，中国百姓由于缺乏宗教性的超越情感，而使中国社会缺少了人类社会文化的重要组成部分——宗教。其实在中国百姓的生活中，但凡衣食住行、婚丧嫁娶、修房盖屋、生儿育女都离不开祈求神灵，而祈求生子更是他们祈求神灵的重要内容之一。在漫长的历史长河中，中国各民族有着各自不同的生育神。

伴观音　《点石斋画报》

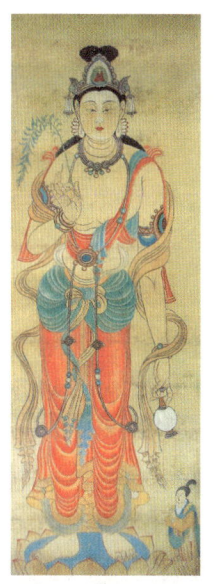  

敦煌晚唐观音菩萨像　　初唐时期的观音菩萨 敦煌绢画　　日本江户时期五彩描金观音立像　旅顺博物馆藏

观音送子

　　观世音是佛教中的菩萨，其威望和影响力远远超过其他佛陀。加之观音"救苦救难，有求必应"的形象深得人心，故求助观音送子的烟火延续了上千年，几乎遍及中国大地，她也成为名副其实的妇幼保护神。在中国民间，《观音抱子图》广泛流传，具有深远的影响。这些图画更多出自于民间艺人的巧手。中国各地有无数庙宇中供奉着观音送子的石雕、木雕、泥塑等形象。而在城市乡镇、村落古寨，无数民间艺人通过世代相传的手艺，创造了无数精致的观音送子的佳品，诸如年画、版画、织锦、腊染、剪纸、壁画、唐卡、皮影，布贴等，在民间传统的民俗活动中，或是在普通百姓的家里，随处可见。在古代典籍中，观音送子的故事比比皆是。据《冥祥记》记载：魏晋南北朝时期有一四川益州人，年过半百无子，后来祈祷观音而得子，老夫妇欣喜若狂。在民间传

杨柳观音图　高丽慧虚绘

清代时期的观音像

蛙冠九子观音图
宋 湘西木雕

观音送子 潍坊年画

民国时期的送子观音

观音送子 杨柳青年画

送子观音 赵孟頫

说中,不仅勾勒出了圣母观音送子的形象,而且勾勒出其送子的具体环境。当观音抱儿送来时,"如云如月,晨起某赠以绣观音抱儿图,宛如梦见。帧有诗云:彩云香绕海天潮,末句:还来丹桂月中飘。符'云月'二字,后果生子"。据说观音送子时必定月色皎洁、香云缭绕,她腾碧空驾祥云,飘然而至,而且观音的背后总有一圈月轮。这是中国百姓心中的观音。在民间信仰的诸神里,观音信仰首屈一指,被誉为"家家观世音"。

民间认为观音不仅可以送子,而且还可以操持所送子嗣的性别。《姚秦三藏法师鸠摩罗什么诏译》载:"若有女人,设欲求男,拜供养观世音菩萨,便生福德智能之男,设欲求女,便生端正有相之女。"人们把掌握生男生女的希望寄托在观世音身上，认为欲求男则得男，欲求女则得女。中国的传统观念重男轻女，封建社会是男权制社会，男权制不仅专指以男性为主角和血统的家庭形式，而且包括以男权为模式的一切社会机构。父权社会中的妇女，仅仅是在母亲的意义上，才能得到家庭的认可和社会的尊重。所以，人们以生男孩为人生一大幸事，因为传说观音具有使女性转变为男性的功能，所以更被人们所尊奉。《述异记》里记载，荆州的一个孤苦老妇人常年信奉观音，只有一个年仅十四岁的女儿，于是请求观音赐予她一个男孩，观音给她的孩子吃了一颗红丸，女孩感觉到身体热乎乎的，不久就昏昏欲睡，等醒来后就变成了男身。向观音祈子包含着丰富的民俗内容，其中主要包括：

（1）偷观音鞋。传说偷观音鞋可得子。

（2）拴娃娃。另叙。实际上这是象征性的巫术。

（3）拜观音洞。民间认为观音洞是观音显身的地方，拜之则可以得子。

（4）得观音柳枝。民间认为得到观音瓶中的柳枝就可以得子。

（5）生菜会。广州风俗，以每年农历二月二十九日为送子观音诞生日，各乡男女集于一处，举行"生菜会"。因广州话"生菜"与"生仔"音同，所以赴会者多买生菜回家，以为生子之兆。

碧霞元君送子

巍峨的东岳泰山上建有规模宏大的碧霞元君祠。民间称之为"泰山娘娘""泰山老母""天母娘娘"等。其全名为"东岳泰山天仙玉女碧霞元君"。在碧霞元君像的旁边，还配有"送生娘娘""送子娘娘"等。明人张岱在《岱志》中记载："元君像不及三尺，而香火之盛，为四大部州所无。"海拔1500米的泰山如何能赢得如此旺盛的香火呢？《岱史·巡抚都御史何起鸣宣谕》记载："四方进香来谒元君者，辄号泣如赤子久离膝下者然。"原来，贫困的下层百姓把碧霞元君视为可亲可敬的母亲。在中国的神话传说中，神与人是相对的，人们创造了神，也与神保持着距离，可碧霞元君却与人如此贴近，这又是为什么呢？原来碧霞元君有送

碧霞元君　明　妙峰山

广嗣殿供奉的子孙爷、子孙娘娘　王新民摄

泰山圣母　刘学武摄

广嗣殿正门

泰山娘娘　张宪昌画

天母娘娘　《中国民间美术全集》

子的功能。传说每年农历四月十八是碧霞元君的生日，到了这一天，人们纷纷前往碧霞元君祠，烧香祈子，求福禳灾。

由于归属道教的碧霞元君被老百姓敬为女神，所以一般的道教弟子为了满足人们求子的愿望，也走出清静的道观，为民祈子。

在碧霞元君和送子娘娘的大殿前，还摆着各种各样的泥娃娃，供人们，特别是没有生育的妇女们索取。她们把泥娃娃偷

道人求子

偷抱回家后，压在床下，认为这样就可以生子了。更有甚者，有的妇女像伺候真娃娃一样来伺候泥娃娃，给他穿上衣服，摆上饭食，称之为"弟弟"。由此不难看出人们的求子心理多么强烈。

天仙送子

在送子的女神系列中还有天仙，《魏书·帝纪》篇载："圣武帝尝

耕于山泽间，忽梦蓊中一美女从天而降，自称天女，受命相偶，旦夕请还，明年复会。一年后，帝先至，果复相见，天女以所生之男授于帝。并云：'此君之子也，当为帝王。'"后世遂把此说描绘成天仙送子图，如果谁家没有孩子，就可以把天仙送子图贴在家里，便会求得子嗣。

西王母送子

西王母也是一位生育女神。在《山海经·西次三经》和《山海经·大荒西经》里，西王母是虎齿豹尾的女神，但是到了汉代，西王母已经演变为一位老而不死、风韵犹存的女神。所以《易林·鼎之卒》曰："西逢王母，慈我九子，相对欢喜。王孙万户。家蒙福祗。"孙作云在《敦煌画中的神怪画》中，根据"慈我九子"之说，认为西王母要代替高禖神的地位了。根据当代学者肖兵先生《楚辞与神话》考证："母，某古通，最古老的高禖神就是大母神。她掌管性爱、生

天仙送子　清代年画

西王母

月和西王母　酒泉西家闸5号墓壁画

头顶三青鸟、双肩展云的西王母与伏羲女娲龙身交缠
《微山汉画像石选集》

求子娘娘　清代年画

送子娘娘　清代杨柳青年画

殖、子嗣、生命和寿数。"由此看来，西王母与最早的生育神高禖神是同位的。

众多的生育神

中国有56个民族，在生存的过程中，每一个民族都孕育并诞生了自己的生育神。由于民族和地域不同，生育神的形象也不尽相同。有的民族的生育神与始祖神相叠合，有的则为单一的生育神，有的还兼有其他神职的功能。但是有意思的是，生育神的形象都是女性。这又是为什么呢？考古学和人类学研究的成果表明，所有的被发现的文明社会，无论其文明程度如何，几乎无一例外地存在着两性分工，分工的基础就是两性身体内部不同的生理机构。由于男女两性的生理机构不同，生儿育女的责任更多地落在了女性的肩上，因此诞生了琳琅满目的生育女神的形象。年年月月，世世代代，中国女性也在生育活动中锤炼出了忘我的母爱，找到了人生的庇护和母性的温床。

女性生育神的形象表现了在封建等级社会里女性对自己的自我肯定和自我关照，她超越了政治风云的动荡和社会制度的变更，追随着生命的永恒。女歧是传说中的神女，又称九子母。楚国诗人屈原在其不朽的著作《楚辞·天问》里提到了这位无夫而孕的女歧，其中提出的问题之一就是：女歧如果没有丈夫，那么她的九个孩子是从哪里来的？汉代

九子母　河北隆兴寺

鬼子母（局部）北京法华寺

鬼子母　北京法华寺

后妃的宫殿里曾画有九子母以取蕃育之意，印度的佛教也有鬼子母的形象，那么，中国的九子母是否就是印度的鬼子母呢？《大唐西域记》里记载了古代印度有向鬼子母"祭以求嗣"的习俗。中国壁画里鬼子母的形象是一位化育的女神。而《楚辞》里有女歧能生九子的诗句。鬼子母和九子母在中国百姓那里似乎已经分辨不清，合二为一了。既然女歧能生九子，那么向观音乞子也是能祈求生九个儿子的。《荆楚岁时记》记载："四月八日，长沙寺阁下九子神，是日无子者，供薄饼以乞子，往往应验。"北京法华寺中的鬼子母身着大圆袖领袍衣，足踏云头鞋，左手抚于幼童头上，面向左前方平视，幼童位于鬼子母下部左臂下部，红绸束发，佩带耳环，头部微低，两手合掌于胸前求拜。不仅中原大地的人们供奉鬼子母，而且远在新疆

鬼子母图　于阗牙依拉克寺壁画

第二章 求子

子孙娘娘 　肉母神

金灵圣母 　三殿太钧　圣母

三宵圣母 　妈祖 　妈祖像

佛朵妈妈　满族

花婆　瑶族

九天玄女
《全像中国三百神》

的于阗牙依拉克寺的壁画上也有鬼子母的形象。

另外，香山三皇姑、东南沿海供奉的妈祖、满族的佛朵妈妈、白族的三霄娘娘、瑶族的花婆、送生娘娘、后宫娘娘、金灵圣母、傩公傩母、古代于阗的肉母神，等等，都是各民族的生育女神；更不用说遍布在广袤的穷乡僻壤中数不胜数的娘娘宫、娘娘庙、圣母庙、圣母殿了。所有这些聚集在一起，共同编织出一幅幅生动的求子图画来。

送生娘娘　云南纸马

后宫娘娘　云南纸马

送生娘娘　云南纸马

香山三皇姑　山东高密年画

张仙送子　潍坊年画

张仙送子

民俗学资料中有一送子男神,名叫张仙。传说对张仙的信仰最早起源于五代时的蜀中。宋代以后,已逐渐遍及全国,各地史籍多有这方面的记载。民国二十六年《海城县志》记载,民间认为,但凡有妇女不育或者小孩生病的都要礼拜张仙。张仙的形象是双手持弓箭朝天发射的男性,他身旁围绕着五个活泼可爱的小孩。他射的是天狗星,民间有天狗星吃太阳的传说,也有天狗星吃孩子的传说。因为天狗星要吃孩子,所以张仙射天狗的目的是为了保护孩子。在此图的两边,人们还配有联额,联语为"打出天狗去,保护膝下儿"。横额为"子孙绳绳"。其目的在于祈求张仙护佑儿童。民间年画中题曰:"此仙本姓张,流落在下方,箭射云中犬,子孙不受伤。"

张仙送子　潍坊年画

传说张仙不仅能护子,而且还能送子。《礼记·月令》记载,仲春之月,飞鸟降临之时,周天子率妃嫔到太牢去祭祀高禖神,他们向高禖神祈子的时候,带的是弓矢。这里的弓矢是男子的象征。也可以用弹丸来解说。郎瑛在《七修类稿》中记载了这样一个故事:苏老泉做梦,梦见两个弹丸,认为这是得子之兆。既然弹丸是得子之兆,那么张仙所持的银弹也便是得子的征兆了。张仙何许人也?他怎么能有射天狗星的特殊本领呢?《历代神仙通鉴》里说他粉面五髯,是个仙人。正因为他是仙人,所以才能有送子这样超人的本领。《集说诠真》按《蜀故》载,有的人拾到张仙发射的弹丸,弹丸上有红点,坚实异常,妇女佩带了就可以得子。正因为张仙有这样的本领,所以才深得百姓的喜爱,在我国大江南北广泛传播,每逢年节、社火、庙会,处处都可以看到张仙的影子。

清代的百子图象征人丁兴旺、和谐美满。不论是版画还是刺绣，一百个儿童均千姿百态，各有千秋。有的在耍龙，有的在下棋，有的在洗澡，有的在游戏。整个画面构图新颖，以俯视的视角利用建筑物的分割画出了一百个儿童的动态形象。画面上有亭台楼阁，富丽堂皇，整幅画面呈现出喜气洋洋的气氛，反映了百姓对幸福生活的向往。古人盼望多生子，而且向往生贵子、生龙子。为了达到上述目的，他们借助神灵，创造了龙生九子的神话，并在中华大地上广为流传，经久不息。

龙之九子　《中国吉祥画与传说》

百子图　桃花坞年画

龙生九子　《中国吉祥画与传说》

第二节　拴娃娃和抱娃娃

在传统的农业社会里，生产力极其低下，维持生产必须依靠人力，这是当时之所以重视子嗣的原因之一。特别是广大农村的村民们为了获得更多的生存空间，唯一的办法就是多生子，生男子，这样才能够有劳动力，才能够在残酷的生存环境中生存下来。

大姐拴娃娃　《中国全像三百神》

供奉龙牌

河北省赵县范庄有供奉龙牌的习俗。所谓龙牌就是一块木牌，高达290厘米，上面刻有双龙以及"天地三界十方真宰龙之神位"12个大字，看上去颇为壮观。龙牌平时供奉在会头家里。据说在此龙牌前求拜就可以得子。作者曾经到龙牌会考察多次，目睹求子习俗如下：

求子者首先上香，供奉自己所带的供品后，虔诚地祈祷："给个娃娃吧。"旁边站一老年妇女问："要男要女？"祈子者说："给个男娃娃吧。"然后跪拜行礼。这时第一炷香刚好烧完了。老年妇女燃上第二炷香，仍旧虔诚地说："我为你求一个模样长得好看的，没有疤癞，身体壮，不得病的，你从哪里来？"求者回答从哪里来后，就从哪个方向寻找。这时求子者要向龙牌许愿。如果遂心，来年就要给龙牌供奉还愿。

榴开百子　桃花坞年画

龙牌　周加摄

套娃娃

有些地方还有套娃娃的习俗。求子者用蓝色棉线拴着一枚硬币,然后用一根香挑着往高大的龙牌上贴,如果贴上了,就是拦住了娃娃;也有的是顺着龙牌雕刻的纹理往上挂,如果棉线挂在了龙牌上,就算是套住了。如果套住了,就轻轻地说:"儿跟娘回家吧。"有时人们在求子时,旁边还会站着一位有经验的老年妇女,这位老年妇女会问她愿意生男还是生女,然后便给求子者一个黄纸包,上面一般写着"生男"的字样。求子者得成后,要用手捂住铜钱或硬币,或者拿上黄纸包,揣在怀里,然后一句话也不说,一路小跑回家,将其放在卧床的被子下。这样一来,人们认为就会按照那个老年妇女的说法,来年准能得到个大胖小子。如果能够生子,就要到求子的地方来还愿。还愿时,除了烧香感谢龙牌外,还要"还娃娃"。娃娃有的是用纸做的,有的是用布做的。把还的"娃娃"放在龙牌前烧掉,这样还愿就结束了。

广嗣殿内挂的"有求必应"锦旗

广嗣殿内挂的"有求必应"锦旗

拴娃娃

拴娃娃也是一种求子巫术。过去几乎在每一届庙会上都会有这种习俗。有意思的是,拴了娃娃的妇女要把娃娃一直抱回家,一路上不能回头。回头成了一种禁忌,这种禁忌是珍惜生命,抑或是夹杂着某种意念,到现在我们还不得而知。

拴娃娃
天津民俗博物馆藏

拴娃石 陕西安塞

泥娃娃 邢莉摄

抓髻娃娃

　　陕北的巧媳妇只用一把剪刀和一张纸，就能剪出几万种不同的娃娃的剪纸来：有手拿双鱼的抓髻娃娃；有大娃娃套小娃娃的喜女娃；有手拉手联缀成片的连手娃娃；还有对虎抓髻娃娃、莲花娃娃、青蛙娃娃、人头鱼娃娃、鱼莲娃娃、牡丹莲花娃、蟾娃、葫芦娃娃；等等。他们千姿百态，应有尽有。为什么这些世世代代脚踩黄土背朝天的农妇能够剪出如此相似而又不尽相同的抓髻娃娃呢？如此众多的抓髻娃娃又意味着什么？最引人注目的是抓髻娃娃的头部——左右两边各有两个小抓髻。对此，民俗学家有不同的说法，有人认为它们是女孩子的发饰，也有人认为它们是头饰。

喜娃娃　甘肃庆阳　　　喜女娃　甘肃庆阳　　　牡丹莲花娃　甘肃镇原

连手娃娃　山西中阳

总之，它们都是一种特殊的文化符号。民俗学家靳之林先生认为，这是代表男阳的符号。他认为，抓髻就是通常百姓所说的"角云子"。抓髻娃娃头上顶的"鸡"或"髻"，陕西叫"胜"。《汉书·司马相如传注》曰："胜，妇人首饰也，汉代谓之华胜。"这里的"胜"决不是一种普通的装饰，而是生命力的象征。在古代，女子到了一定年龄要举行佩带首饰的仪式，

对虎抓髻娃娃　甘肃镇原

抓髻娃娃

青蛙娃娃　甘肃庆阳

人头鱼和多子鱼　甘肃庆阳

也就是"开笄","开笄"也就是戴胜。如果举行了"开笄"仪式,就说明这个女孩已到了谈婚论嫁的年龄了,而且可以生育子女了。有些妇女把这个图案叫作"富贵不断头"。实际上它不仅是男性生殖器的象形图案,而且也是作为生命绵延不断的象征而出现的。生命不断头才能富贵不断头,如果没有了生命,何谈富贵!抓髻娃娃有的在头上,甚至肩上、肘上、膝上都有两只鸡。靳之林先生通过详细的考察,认为这些抓髻娃娃就是我们常说的生育之神。

抓髻娃娃　郭如林制作

莲花仙子　高秀珍制作

万户揪娃娃旗幡 清代 甘肃绣品

鱼莲娃娃 高秀珍制作

甘肃地区还盛行"万户揪娃娃旗幡"。制作这种旗幡时，先把千家万户征集来的小布块拼接成莲花、牡丹等小方块布花，接着在每支莲花和牡丹上缀上不同性别的布娃娃，然后把旗幡悬挂在庙宇殿堂之上，供求子者揪取。

除此之外，民间求仙方、求贵子的老婆婆，更是虔诚地烧香磕头，期盼自己的媳妇早生贵子，自己早抱孙子。

抛童子会 《点石斋画报》

第三节　多样的求子方式

中国人民的求子愿望很强烈，为了满足强烈的求子愿望，他们创造了各种各样的求子方法。主要有下面几种：

向石求子

每个民族都经过漫长的自然崇拜的阶段。美丽的山林、澄碧的泉水、多彩的石头都能引起人们无限的暇想。

求子图　苗族剪纸

中国民间历来就有崇拜石头的风俗。特别是巨石在人们心目中占有重要的地位。在远古人看来,石头是有灵性的,具有生命的内涵。位于云南元谋县老城乡老者格村北的山脚下有一山凹,山凹下有一母石,彝族人称之为"二月八硌摩"。每年农历二月初八,马缨花开得满山遍野之时,彝族人便倾家而出,欢歌载舞,通宵达旦。这天的主要活动就是祈子。祈子时要举行隆重的仪式。求子者手持供香,磕头诉说自己求子的心愿,然后把香插在母石的周围。之后,在母石面前宰鹅杀羊,意思是祭献母石的供品都是新鲜的。最后,把宰杀的祭品清洗煮好后供奉给母石,请她享用。听当地老人说,这个夜晚,青年男

探石求男 《生育神与性巫术研究》

阿么特罗 彝族祈子石 邢莉摄

狴犴 石凳 邢莉摄

女都非常活跃，他们各自寻找自己心仪的对象谈情说爱，并以在"二月八"这天交媾为荣耀。那么，为什么彝族人要向母石求子呢？对此有多种说法：相传，一位迷路者看见裂开的石缝中尽是小石人，遂形成此说；还有另一种传说，即一个美丽的牧羊女在将要分娩的日子去放牧，突然风雨交加，人们出去找寻，但没有找到她，却看见这块石头的底部滴着鲜血，于是石头、妇女和生子就这样被紧密联系在了一起。

广州元妙观拜石狮求子的活动流传已久，颇为壮观。凉山彝族自治州喜德县观音岩上有一洞，相传不育妇女到洞前烧香磕头，以手摸洞，摸得石块就可以生子，摸得沙砾就可以生女。青海塔尔寺附近有一突兀嶙峋的石柱，酷似人状，当地人相信它是非常灵验的，可以助人祈子得子，祈福得福。人们多把钱币放置在石头上，以表明自己的祈愿。

其实，以石祈子的习俗古已有之。张君房《云籍七签》载，金堂县利化原有一井，人们向井祈子，探得石得男，探得瓦砾得女。

我国北方民族有祭敖包的习俗。敖包就是垒起的石堆，上面插着柳枝。敖包是北方游牧民族的祭坛，这里面包含着什么意义呢？在原始的生殖崇拜阶段，蒙古族原始先民崇拜"子宫石"，称之为"巴德尔朝鲁"。

求嗣可哂　《点石斋画报》

后来崇拜男性生殖器,在现在的苏尼特旗白音宝鲁德的赛汗戈壁上,就有矗立的像男性生殖器一样的石头。与汉族"禹生于石"的神话一样,蒙古族有"人自石出"的神话传说。在蒙古族的英雄史诗里,有"白音查干巴特儿,他的父母都是石头"的诗句。由此可见,他们是把石头与生命联系在一起的。

向水祈子

水,这人类生存不可或缺的物质早就与人类结下了不解之缘。当古希腊的哲学家泰里斯感叹"水为万物之母"的时候,《管子·水地篇》也云:"水者,何也?万物之本源也,诸生之宗室也。"云南乌蒙山彝族的典籍《六祖史诗》也记载道:"人祖来自水,我祖水中生。"从这里可以看出,水为万物之本,水为生命之源。既然水在人们的生活中占有如此重要的地位,那么,在中国人的民俗观念里,喝水也可以得子就不足为怪了。我国纳西族的一支摩梭人,就有在石祖上吸圣水以求得子的习俗。《岁时广记》卷一记载:"夫妻各饮一杯正月雨水,就可获子。"

摩梭人吸圣水　郑婕绘

向树祈子

向树祈子是人们祈子的另一种形式。《十州记》载:"扶桑在碧海之中,长者数千丈,大二千余围,树两两同根偶生,更相依倚,是以名扶桑。"也就是说扶桑树不但高大翁郁,而且两两同根,故靳之林先生在《生命之树》中称其为"生命之树"。

中国阴阳五行的观念认为,"当生万物莫善木",即树是万物生殖的象征,也是人类繁衍的象征。人们认为树是护佑人类的生命之神。在古代神话里,赫赫有名的治水英雄大禹曾与涂山氏行夫妇之道于台桑之地。

台桑之地也就是野合之地。桑林就是神话传说中的生命之树。我国各民族的服饰上或多或少出现的美不胜收的树与花的形象，就是生命之树的体现。至今有些民间祭祀中还保留有崇拜长生不老的生命树的习俗。树为生命之源，中国人以树为祖。云南巍山彝族把祖公的木雕像放置在挖开的树干的小洞中，然后把原树皮封好，数月之后，木雕像就和树木长在了一起，称之为"祖公树"。漂流海外的华人如果思念家乡，就会在家谱上画上生命树，以解思乡之苦。有一首蒙古族的民歌对树进行了衷心的礼赞：

嫩叶何清新／花开更妖娆／高高紫檀木／本自地脐生／大树独支撑／屹立峻峰顶

蒙古族先民还崇拜各种树木。柳树、榆树、白桦树都是他们崇拜的对象。特别是那种树干挺拔、绿荫蓊郁的大树，其繁衍生长的能力让人敬佩。由此，人们把树的繁衍生长能力和人的生育能力联系起来。如此看来，参天大树不仅是通天的天梯，是生命的母体，而且也是生命的象征。从世界范围来看，几乎没有一个民族不崇拜和向往神树，人们以各种各样的方式来表达对生命树的崇拜之情。

神树娃娃　山西剪纸

大桃树　山西剪纸

食物求子

中华各民族的刺绣和剪纸上,常常会出现这样的图案:在裂开的瓜瓢上,站着一个两腿叉开的娃娃,瓜的两旁枝蔓缠绕,绵绵不绝。有的图案上绘有一个裂开的石榴和娃娃的身体,它们和瓜相互重叠。有意思的是,娃娃服饰的花样就是硕大的瓜子,瓜体与人体合二为一了。瓜飚从娃娃与瓜的同体中伸展出来。有的正面为佛手胖娃娃,而衬托娃娃的是一个几乎与人体大小相等的西瓜。有的中间干脆没有娃娃,上下左右绘有四个瓜体,中间用莲花相连。

葫芦多子,象征多子多孕,所以葫芦被视为求子的吉祥物。民间常常还把葫芦挂在床上,作为求子的象征。更普遍的求子方法是中秋送瓜求子。中国的求子习俗与瓜结合在一起。人们认为吃瓜可以得子。《清稗类钞·迷信类·食瓜求子》条记载:"中秋夕,徽州有送瓜之俗,凡娶妇而数年不育者,则亲友必有送瓜之举。先数日,在菜园中窃冬瓜一个,须不使园主知,以彩色绘人之面目,衣服裹其上,举年长者抱之,鸣金放炮送至其家。年长者置冬瓜于床,以被覆之,口中念曰'种瓜得瓜,种豆得豆',受瓜者设盛宴款之,若喜事然,妇得瓜则剖食之。"送瓜人送的是瓜,而接受者却另有所指。这里用瓜来指代"子",吃瓜以求得子嗣。

西瓜子和儿子　山西剪纸

葫芦香包　山西刺绣

《中华风俗志·下篇》卷八记载了贵州地区在中秋之夜偷瓜的习俗。偷，为人不知也。此俗则与之相反，虽名曰"偷"，偏偏为人所知，不但为人所知，而且偏偏要讨骂挨骂。把瓜偷回来之后，还要给瓜穿上衣服，绘上眉目和嘴脸，并且用红绿彩绸装饰的轿子抬着，敲锣打鼓，热热闹闹地把瓜送回家。受瓜之人不但要请送瓜人吃月饼，而且要将送来的瓜小心翼翼地放置在床上，并和瓜睡上一夜。次日清晨，把瓜煮熟分而食之，认为这样就可以怀孕了。河南安阳北关在每年农历三月三举行"大生堂会"，从"三月三，上北关，番瓜葫芦结一千"的谚语中就可以看出，三月三也有食物求子的习俗。

除了食瓜求子外，还有食菜求子。《清稗类钞·迷信类》记载，旧时元旦的晚上，广州妇女去偷邻居家的蔬菜，据说吃了这样的蔬菜就可以生男孩。

送瓜祝子　《吴友如画宝》

生菜会　《点石斋画报》

喜蛋　邢莉摄

南粤人喜食生菜，新年时节互相赠送生菜，取其生发之意，久而久之，便形成了生菜会。每逢生菜会，成群结队的妇女在观音庙内叩拜白衣观音，以便祈福求子，盛祝空前。

食蛋求子源于蛋生信仰。山东妇女往往在大年初一藏在屋后吞吃煮熟的鸡蛋，据说这样可以生男孩。婚后不孕的妇女也可以到已经生育过的妇女家讨要一枚红鸡蛋，据说吃后就可以怀孕生子了。广西合浦在送灯时，除鼓乐、彩仗、车马外必送一个用面做的孩子，让夫妇吞下，相传这样可以得子。

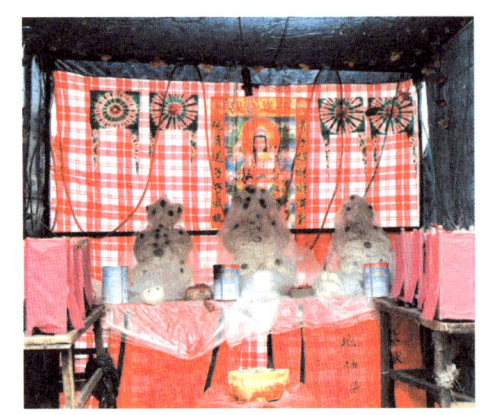

晋中求子习俗

陕西关中地区民间正月十五有蒸"锥巴馍"的习俗。村中缺儿少女的妇女要到家丁兴旺的人家去偷锥巴馍，然后把偷来的锥巴馍吃掉，据说这样就可以怀胎生子了。陕西千阳一带要给未过门的儿媳妇送两只花灯，灯内放置两个尾巴相连的锥巴馍，这种朴素的民俗意味着什么，不言而喻。

麒麟送子

　　麒麟送子的传说以及关于麒麟送子内容的版画、年画、木雕等形式遍及中华大地。麒麟是传说中的神兽，为龙头、狮尾、鹿身，身披鳞、马蹄细腿。传说它的背上托着一位年轻美貌、服饰华丽的女子，女子手中抱一胖娃娃，以示送子。为什么麒麟会送子呢？在中国人的传统观念里，麒麟是神圣的动物。《论衡》记载："麒麟，兽之圣也。"它身长鳞甲，牛尾、狼蹄、龙头、独角，是"不践生虫，不折生草，不群居，不侣行，不食不义，不饮污池"的仁兽。《礼记·乡饮酒义》也载："产万物者，圣也。"既然麒麟为圣，圣者可以产万物，当然也可以产人了。战国时期的思想家、大圣人孔子降临时，传说一麒麟曾在他家的庭院里口吐一玉书。明代的《孔子圣迹图》还把这个传说刻在了石头上。此图上画的是一麒麟口吐一函线装书册，外用琴棋书画绕成一个圆圈。在这幅图画中，用麒麟来比附孔子。在中国民间，关于麒麟送子还另有一说。相传一位年老善良但无子嗣的画家善画麒麟，当他沉醉于描画麒麟之中时，突然看见麒麟的背上大放金光，

天赐麟儿　桃花坞年画

驮着一个孩子向他走来。之后其妻怀孕，果得一子。在中国文化里，麒麟往往被用来借喻超群的人物，特别指有大志、成大器的铁血男儿。在中国传统的"麟凤呈样""嘉庆麟凤"等吉祥图案中，麒麟已经取代了龙的位置，成为一种吉祥的象征。

那么，麒麟如何能够送子呢？《中华全国风俗志》记载："妇女围龙可受胎，痴心求子亦奇哉。真龙不及纸龙好，能做麒麟送子来。"妇女不生育者，每于龙灯到家时，加送封仪，以龙身围绕妇人一次，又将龙身缩短，上骑一个小孩，在堂前绕一周，谓之"麒麟送子"。所谓麒麟送子不过是一群人举着纸糊的麒麟灯，再送上一红筷子罢了。旧时，苏北乡民到上海举着纸扎的麒麟挨户送子，不孕的妇女拔下几根麒麟的胡须，缠在筷子上藏于床下，据说这样就可以得子。麒麟送子的图案包括圣兽、祥云、福娃，这充分体

麒麟送子　潍坊年画

天仙送子　朱仙镇年画

现了传统文化的特征，不同地区的版画、年画、剪纸，在人物服饰、画法和染色上虽然各有特点，有的高雅，有的古朴，有的艳丽，有的平淡，但是，它们表现的主题都是一致的，即祈求富贵童子。如此看来，版画天仙送子与麒麟送子有着异曲同工之妙。

架桥求子

我国苗族有架桥求子的习俗。每年农历二月二日是苗族的敬桥节，也叫祭桥节。关于架桥求子还有个动人的传说。在远古时代，黔东南的苗族有一对老夫妻，他们无儿无女。有一天，一只燕子告诉他们说："我看见你们的儿子从东方来了，可是河上波涛滚滚，他无法过来，如果你们砍三棵杉树在河上架一座桥，这个娃娃就会到你们家来。"于是，这对老夫妻听了燕子的话，砍了三棵杉树，在河上架了一座桥，这个孩子果真就到他们家了。

为什么砍三棵杉树来架桥呢？原来在黔东南苗族中流传着男单女双的观念，单数象征男孩。为什么要用杉树搭桥呢？因为杉树枝叶繁茂，象征多子多孙。正因为如此，苗族就有了祭桥的习俗。

苗家代代传，每逢二月二，家家来架桥，户户来祭桥。

因为架桥可以生子，所以人们敬桥、祭桥。在祭桥节上，有时还把鲤鱼、鸭子或芽蛋作为对桥的供物。宋兆麟先生在《生育神与性巫术研究》中认为："据作者在台江的调查，苗族认为小孩胆小，易迷路，敬桥是为小孩投胎铺平道路。后来演变为积功德，可以得子。"

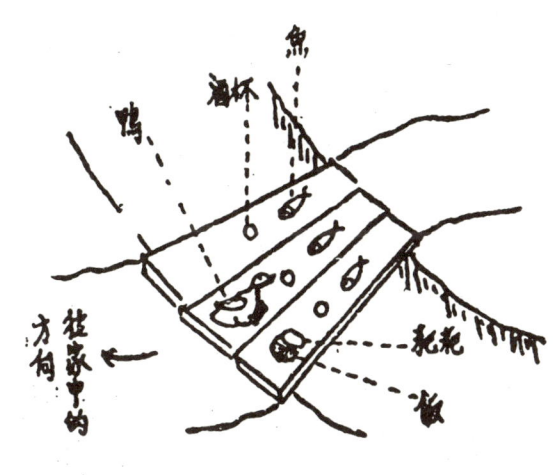

架桥求子　苗族

送灯求子

"火树银花不夜天!"在中国广大农村,元宵节前后有送灯求子的习俗。

陕西西安一带,元宵节的前几天有"送花灯"的习俗。一般是新娘的娘家人把花灯送给新出嫁的女儿家,希望女儿婚后吉星高照,早生贵子,因为"灯"与"丁"谐音之故。

晋北有"摆灯山"的习俗,即用灯盏摆出各种各样的吉祥字眼。元宵之夜,千百盏灯火红通亮,似银河,像流水,摆出了"天下太平""五谷丰登""人口平安"等吉祥语。正月十六日晚上,千百盏灯熄灭的时候,只剩下一盏灯,人们叫它"子孙灯"。"子孙灯"被求子者虔诚地端回家后,供在灶神前,然后添足油,求子的夫妇要轮流在"子孙灯"前守护整整一个晚上,不得让灯熄灭,如果真的生了儿子,还要举行还灯仪式。

晋北地区还有在转九曲时端灯的习俗。何谓转九曲?九曲就是用三百六十一盏灯摆成的九宫八卦连环阵,然后要把这几百盏灯都放置在高高的灯柱上。阵中有九根三米高的旗杆,以此分割地域,象征古代的九州岛,九根高杆插入万里晴空。八卦阵的中心矗立着一根最高的杆,称为"摇

正月十六绕九曲　山西中阳剪纸

舞龙求子　汉画像石

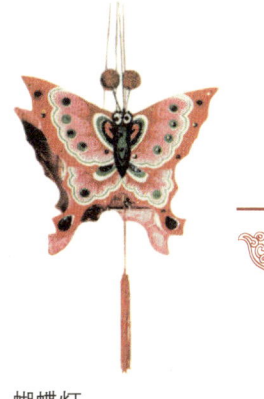

蝴蝶灯

还愿灯

儿杆",也叫"长寿杆"。阵外竖着五颜六色的八卦旗,九曲入口处搭起高大的牌楼,牌楼前供有送子娘娘、观音菩萨、灯光菩萨等神像,两边燃烧的火堆发出的火光冲天。求子者进入八卦阵,摇一摇"摇儿杆",然后把八卦阵中最后一盏没有熄灭的灯盏拿回家去,据说这样就可以生子。

其实古代耍龙灯的习俗也是祈求生子的一种表现方式。远在两千年前的汉代,我国就有了舞龙以祭田祖祈甘雨的活动。《中华风俗志》下篇卷六载:"旧历正月初九日至月望,此数日期间,竞赛龙灯,灯或纸扎者,或纸糊者。灯中燃油纸条,前呼后拥,招摇过市。"龙灯耍至未婚少女前,以龙身围绕少女,这也与求子有关,意思是祝愿少女成家后早生贵子。

春节灯节的"鱼龙之戏"也与求子有关。《岭南杂记》载:"潮州灯节有鱼龙之戏。"鱼可化为龙,龙可化为鱼,所有这些都是生育的象征。

鱼龙变化　杨柳青年画

魚龍變化

交媾图　安丘县董家庄汉画砖　　欢乐图　安丘县董家庄汉画砖　　合欢图　《黔西北彝族美术》

佩物求子

中国传统习俗认为，佩带某种装饰就可以得子。佩带的装饰种类非常多，有的地方的妇女用自己的腰带换回产妇的红腰带，把它佩带在腰间，认为这样一来，自己和产妇的红腰带就可以发生感应，进而生子。

据《河川县志》记载，中国道教道幡的幡尾上有"福""寿"或者"富贵"的字样，无子者偷偷剪下一块，佩带在自己身上，就可以得福生子。

这种佩带装饰的习俗古已有之，只不过是钱币罢了。《通典·食货·钱币》载，南宋梁武帝时，民间铸有一种钱，称之为"男钱"，期盼儿子的妇女把它佩带在身，据说可以得子。

《艺文类聚》卷八一三记载，三国时魏国的曹植作过《宜男花颂》。何谓宜男花？原来宜男花就是我们常说的萱草，古人认为佩带萱草就可以生子。

《古今图书集成》卷四零一《医部汇考》载："用绛囊盛雄黄酒，佩带在左腰上，也可以生子。"

装饰求子

装饰求子的习俗不仅在我国的一些民族中存在，而且在国外也有这种习俗。苏丹及其附近的妇女还带有用贝壳装饰而成的腰带，据说这样就能获得生育能力。

其他求子习俗

求子的习俗历史悠久,自古至今连绵不绝。汉代民间舞龙求子的风俗甚盛。以直白方式表达的交媾图、欢乐图,以及用象征形式表达的扶桑树、建鼓,另外具有祈子功能的女神——西王母等图象,都足以证实当时的求子习俗深入人心。近现代,传统的求子习俗在一些地方流传下来,其表现方式既有往日的遗存,也有各种变异的新内容。中原地区盛行的

骑虎建鼓　微山汉画像石

伏桑树　微山汉画像石

西王母　汉画像石

双生生　山西中阳剪纸

金蝌银蛙　山西中阳剪纸

鼠闹葡萄　山西中阳剪纸

麒麟送子　湘西木雕

麒麟送子　湘西木雕

求子图　苗绣

青蛙娃娃　剪纸

祈子牌　藏族　　　　　男婴木雕　贵州古傩　　　莲孩玉　木雕

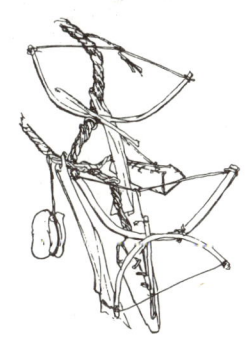  

喜利妈妈　锡伯族　　　求子符　壮族　　　　　莲孩儿　邢莉摄

　　剪纸"双生生""金蝌银蛙""鼠闹葡萄"等都明显具有求子生育的内涵。边疆地区的苗族刺绣有求子图，湘西地区的民居木制窗棂和门扇上，经常采用镂空技法雕刻出麒麟送子的造型，带有浓郁的求子色彩。

　　我国少数民族地区还流行着一些别具特色的求子方式。藏族还有一种特殊的求子牌，可把它挂在墙上作为求子之用。贵州地区的少数民族古代制作木雕男婴，即为古傩中的"太子"，他们认为把"太子"请回家，就可以生男孩。壮族的求子符以对鸡为主，锡伯族的"喜利妈妈"独具特色，陕西、山西等地区以蛙、鱼、鼠、莲的形象求子的亦屡见不鲜。尽管求子形式多种多样，但是其目的都是一样的，都是祈求多子多福，憧憬幸福生活。

合家欢　清代　赵一大

第三章
婚俗与节日的共鸣

　　中国人很重视婚姻,视婚礼为人生最大的礼仪。这是为什么呢?因为中国人的传统观念认为:不孝有三,无后为大。结婚的目的之一就是生育。人们称结婚为"红喜事",而喜的原因之一也在生育。结婚操办要热闹,中国人为什么操办婚事时这么喜欢热闹呢?因为这与生子也有很大的关系。

图说中国诞生礼仪

第一节　婚房与婚床

《易经·系辞下》曰:"天地细缊,万物化醇,男女媾精,万物化生。"男女的婚姻是尊天地、敬祖先的头等大事,而且人类的生育也是尊天地、敬祖先的大事,所以中国人举办婚礼的仪式不仅非常热闹,而且非常繁复。举行婚礼仪式前要做的准备很多,主要如下:

龙凤呈祥

喜神　云南纸马　　　　　　　和合如意　杨柳青年画

婚房的布置

中国民间之所以崇拜各种神祇，主要是为了祈求各种神灵的护佑。操办婚礼的时候，要在婚房贴满"喜"字，取办喜事离不开喜神的护佑之意。人们在办喜事时，首先要贴上喜神，当新娘登上花轿后，花轿门一定要对准喜神所在的方位稍微停留片刻，这叫迎喜神；举行婚礼时，新娘、新郎坐立也须正对喜神的方位，据说这样才能有喜乐之事。

所谓喜乐之事，头一桩就是生子。因为生子是人生的一大喜事，那么在婚房里贴上喜神也就是顺理成章的事情了。喜神的形象多种多样：有的是以天官福神代替喜神，有的是和合二仙，有的地区甚至把自己的祖先作为喜神来祭拜。喜神摆放的位置也有所不同：有的地区贴在新房；有的地区把喜神贴在筛子中间，再放入一块糖、一升米、一个松明节，然后把筛子放在大门侧附近，新郎、新娘到新房的大门口时，要烧喜神纸，并向喜神的方向磕头。喜神的方位也是不断变化的，清代乾隆年间的《协纪辨方书·喜神》中记载了喜神摆放的各种位置。

在喜庆欢乐的日子里，也有张贴剪纸的习俗。中国人讲究新房的布置，在门楣上、窗户上、器物上、用具上、床帷上都要贴满喜花。喜花一般有"抓髻娃娃""鸡寿童""鹿头花""老鼠嫁女""老鼠偷葡萄"等图案。"鱼戏莲"的图案品种多样，丰富多彩，有鱼钻莲、鱼穿莲、鱼吻莲、双鱼探莲、

巧姻缘　江苏苏州年画

等等。在中国民俗文化中，用鱼莲组合图案来象征男女的交合之事。还有莲与子、莲与鸟、莲与鱼、莲与鱼与子、莲与鸟与子的图案，以及其派生出来的一系列图案——荷叶生子、娃娃戏莲，等等，这都隐喻着子孙的繁衍。陕北的喜花还有茶壶和扣碗的图案。《礼记·昏义》曰："合卺而酳。"孔颖达疏："以一瓠而二瓢谓之卺，婿与妇各执一片以酳，故云合卺而酳。"这里的茶壶和扣碗都具有象征阴阳交合的意义。

天官赐福　杨柳青年画

男女情　古代版画

喜添贵子　剪纸

婚枕喜花　剪纸

送子赐福　山东剪纸

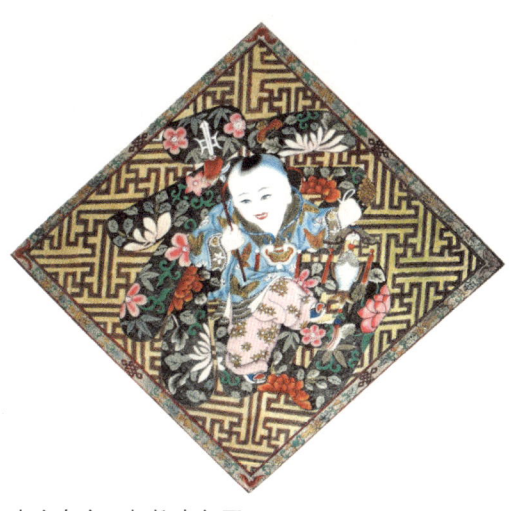

吉庆有余　杨柳青年画

枣山娃娃　剪纸

第三章　婚俗与节日的共鸣

凤戏牡丹　云南白族

麒麟送子　杨柳青年画

　　布置婚房时，也有贴年画的习俗。主要有"天仙送子""观音送子""吉庆有余""五子夺魁"等吉祥图案。年画"榴开百子"的图案大同小异，但是上面都有母亲、石榴和童子的形象。母亲一般身着石榴裙，头戴石榴花，怀抱一童子，童子手上捧的也是石榴，旁边的案几上摆有花瓶。这里用石榴来比喻多子。新娘新郎的被褥、枕头、门帘、喜帐上绣满了各种各样的吉祥图案，一般有"百子图""凤戏牡丹""鱼戏莲"，等等。一般"莲

五子登科　朱仙镇年画

张仙射子　桃花坞年画

抓髻娃娃　陕北剪纸

生贵子"上的幼童只有头和双臂,他的身体和下身以莲花代替,周围枝蔓缠绕、蝴蝶双舞,充满了化育子孙的勃勃生机和人们对子孙兴旺的渴望。

陕北人结婚时,布置婚房一般要贴上"抓髻娃娃"等剪纸。这些大头娃娃的形象都非常夸张,最引人注目的是抓髻娃娃的头部,其头部左右都有两个小抓髻,实际上它是男性生殖器的象形图案,也是作为生命绵延不断的象征。在婚房里贴上千姿百态的抓髻娃娃,有明显的祈子之意。

婚床的布置

新婚夫妇要同床共寝,所以婚姻与床有着必然的联系。新婚夫妇的床前要贴上床公床母的图像。民间流传的床神有性别之分,男为床公,女为床母。其面部表情既温柔又神圣,称为床神。

床公床母　《中国剪纸神像》

床公床母到底是何人？北京朝外大街东岳庙正殿供奉东岳天齐仁圣大帝，西配殿供奉送子娘娘和子孙爷，主神叫九天临生明素真君和九天卫房圣母元君，据称这男女二神就是床公床母。也有人认为床公床母是周文工夫妇。过夫在安新床时有许多禁忌。一般要在床公床母前摆上茶、酒、糕点等祭祀品来表示对床神的恭敬。因为床是大妻交合、繁衍后代的场所，人们认为床公床母掌管着床的安危，所以繁衍后代要靠床神的护佑。在新郎新娘享用新床以前，比较忌讳新床空着，一般得请人来压床。压床的人也有讲究，一般有三种：有夫有儿有女的全福人，新郎的好友，或者10岁以下的英俊儿童，这些都具有祝福兼得贵子的含义。铺婚床也很有讲究，新婚夫妇的床得由别人来铺。一般要请一个有丈夫有子女，甚至有孙子孙女的老妇女来铺。有的地方称这种人为"全福人"。江西流传着一首铺床歌：

蒿草青，粮草黄，我替新人来铺床。

两头铺得高高的，中间铺个子孙塘。

预祝今年生贵子，明朝定出状元郎。

由此可见，铺床的目的也与生子有关。

娘家的贺礼

根据民俗美学家李辛儒先生调查,陕西关中一带的姑娘出嫁时有送等娶罐的习俗。那么什么叫"等娶罐"呢?等娶罐是用来插放小木屑的,在这种小木屑上蘸点硫黄后就能作为火柴使用。等娶罐有点燃灯火之意。据李先生拍摄的图片看,等娶罐有前罐型和后罐型两种。这些等娶罐出自不同的女性(或娘家人)之手,同样的童子抱物坐莲图,但娃娃所抱之物可以不停地更换:有的抱笙,有的抱桃,有的抱猫,有的抱石榴,有的抱桂圆,等等。但是其主体图案都是一个娃娃,娃娃梳着抓髻,背饰均为缩塑花卉,有时在下面还突出一个字,或带有"O"型符号。更有意思的是,这些生育符号是在等取罐上出现的。等娶罐是用来点燃灯火的,

等娶罐又叫"灯起灌",是陕西当地民间举行婚礼时"铺房"用的六件新房挂饰之一。一般由妇女在婚前制作,多用来存放灯起。灯起是一种长约15厘米、宽1厘米的木片,上面蘸有硫黄,因用来点灯而得名。

等娶罐

老鼠成亲　苗族剪纸

秘戏钱 《中国生育信仰》　　双鱼纹铜镜　金代器具

中国人常常把生儿育女称为"续香火"。这样来看，等娶罐祈子的主题不也就更加鲜明了吗？

四川成都上元节这一天，新娘的娘家要送一对用一盏灯台和面粉做成的小老鼠给婆家，这又是为什么呢？北京有谚语云："正月初七，老鼠嫁女。"有的地方认为"十七十八，耗子成家"。为什么老

对鼠烛台　剪纸

鼠娶亲要在正月初七呢？因为初七是一个特殊的关乎到人的日子。《太平御览》卷三十引《谈薮》解释人的诞生时间是在第七日，因此称农历正月初七为"人日"。更有趣的是，老鼠的新婚之夜，人在干什么呢？唯一的解释是——祈子。唐代典籍《四时纂要》记载："凡无子者，夫妻同于妇人家盗灯盏，安于床下，则当月有孕矣。"民间有老鼠"初七娶媳妇，十七嫁闺女，二十七添娃娃"的说法。

娘家陪送的首饰匣子，也有早生贵子的寓意。有些地方的陪嫁物里还有新娘穿的衣物，这些衣物有的是新娘的母亲为女儿亲手绣的，有的是新娘自己绣的。在肚兜和背心上一般要绣上凤戏牡丹、莲花与鱼、瓜瓞绵绵、麒麟送子、鲤鱼跳龙门等传统图案。有些细心的母亲还把启迪女儿性意识的物品藏在秘密的地方，以便给女儿以生育引导。

木雕漆绘鸳鸯盒乐舞图　战国

百子图　民间刺绣

第二节 喜事的祈愿

在传统的中国社会里,结婚的民俗形式多种多样,但是最终的目的都是希望有情人终成眷属。

皇族娶亲仪式　清代

花园赠珠
桃花坞年画

中国的婚礼有贴红双"喜"字的习俗。结婚的日子叫"大喜日子";告知亲友叫"报喜";亲友来庆贺叫"贺喜";新娘坐的轿子叫"喜轿";结婚住的新房叫"喜房";所办的宴会叫"喜庆宴会"。北京民谣说:"大姑娘大／二姑娘二／三姑娘出门子给我信儿／搭大棚,贴喜字儿／龙凤围桌红官座儿。"中国人崇拜龙,也崇拜凤,龙是男性符号,凤是女性符号,龙凤结缘,生出的孩子也叫"龙凤胎"。

龙凤合婚　剪纸

压　轿

看过电影《红高粱》的人都会对其中一步三扭的巅轿印象深刻。旧时新娘要乘一顶用红色绸缎披挂起来的花轿出嫁。迎娶新娘的花轿一般有两乘,一乘新郎坐,另一乘不能空着,要选一位秀美的男童坐,这叫"压轿",有期望多子的意义。花轿

入新门　《中国风俗图像解说》

花轿　民国

新人花轿 邢莉摄

到达结婚的地点后,新娘不能自己走下轿子来,要别人掀开轿帘搀扶。新娘的脚是不能沾地的,脚须踩在铺好的袋子或者红毡上。因为要有人不停地挪动袋子才能传到新娘的花堂门口,按照中国语言的信息,"传袋"即"传代"。也与生子有关。

娶亲 《北京旧俗》

高山族 《中国少数民族文化史图典》

宁波万工花轿　邢莉摄

拜堂 《中国风俗图像解说》

第三章　婚俗与节日的共鸣

新人拜天地 《清俗纪闻》

拜天地

新婚夫妻所行的一项重大礼仪是拜天地。拜天地时，新婚夫妇按照男左女右的位置下跪，同时向象征天地的纸像三叩首，然后夫妻对拜。《易经》以自然现象解释人事，反过来又以人事契合自然。谓自然有天地，人间有男女，这是天经地义的事情。

拜天地 剪纸

新婚夫妇有同饮交杯酒的习俗。在新婚的欢庆典礼上，新郎新娘要共同饮酒。有意思的是，不同的地域饮交杯酒的形式也有所不同。有的是同饮一杯；有的则分杯同时饮；也有的在饮时用两杯，两臂互相交叉，称之为"交杯酒"。总之，不管采用什么形式，都象征着男女同体，阴阳合一。通过喝交杯酒，把男女双方结合在一起，这是为生儿养女做准备。

合卺

合卺是旧时夫妇成婚的一种仪式，该习俗起源得非常早，可以追溯到周代。南宋孟元老《东京梦华录·娶妇》记载，当时所用的杯子以彩结连之，饮毕要把杯盏和花冠都掷于床下。如果杯盏一仰一合，则预示吉祥。很明显这是得子的吉兆。陇东正宁和陕西临潼姜寨出土的新石器时代彩陶葫芦瓶，有的正面绘男人形，背后绘女人形；有的正面绘有一人面（或为兽面），背后绘双鱼。这也与得子有关。最早的酒杯是葫芦瓢。葫芦是合二为一和一分为二的统一体，中华民族遂把葫芦作为男女相交、阴阳相合的合体始祖神。合卺的习俗源远流长，由民间转而传入宫廷。《明史》卷五十五和《清史》卷八十九都记载了皇帝、皇太子行结婚大礼时实行合卺的习俗。

洞房　《中国风俗图像解说》

合卺　《清俗纪闻》

高山族酒杯　宋兆麟提供

独龙族酒杯　宋兆麟提供

吉祥图　《中国吉祥画与传说》

吃红鸡蛋

　　欢天喜地的婚礼上常常有分送红鸡蛋的习俗，这个习俗一直流传至今。关于送红蛋，还有一个传说。传说五代时的一对夫妻巧珍与喜哥，久婚无子。有一次喜哥打趣巧珍说："人不如鸡，鸡还会生蛋呢。"没想到，巧珍气病了。喜哥没好气地训斥了鸡，鸡像听懂人话似地走开了。没想到，不久鸡下出了红鸡蛋。从此，鸡天天下红鸡蛋给女主人吃，吃了红鸡蛋的女主人终于生了一个大胖小子。人们便纷纷向喜哥讨要红鸡蛋。从此吃红鸡蛋可以生子的习俗渐渐流传开来。在侗族的婚礼上，新娘入洞房之后，要抖开花被，让人们争抢埋在被中的红鸡蛋，这样不仅利于新娘生育，据说不孕的妇女如果能够抢到红蛋也可以生育。在浙江金华地区，新婚之夜，新郎新娘要吃"子茶"。这里的"子"就是蛋，又谐音孩子的"子"，所以吃"子茶"的目的也有祈愿早生贵子之意。云南金平苗族瑶族傣族自治县内的哈尼族娘家要带两包糯米饭，并把每个饭包上的鸡蛋分成两半，吃饭时要将新娘的饭包的半个鸡蛋和新郎饭包的半个鸡蛋分别重合，然后让新娘吃掉，据说这样做象征着两性结合，夫妻就可以生儿育女。

在远古先民的信仰中，人从卵而生，天地万物亦从卵生，整个宇宙就是一个巨大的卵。道教认为，天地人原本一体，同属宇宙卵，由此看来，天地人有着同样的属性，合一则是理所当然的事情了。

撒　帐

在热闹非凡的婚礼上，一些地方有撒帐的习俗。什么是撒帐？这种风俗起源于何时？撒帐即新郎新娘拜完天地后，由一女性全福之人手捧果盘，把盘中的各种干果和钱币撒放到一对新人的身上和床帐上，一边撒一边念一些吉祥的歌谣。栗子取其谐音"立子"；榛子取其"增子"；桂圆俗称"龙子"，希望生的儿子像龙一样；红枣的"枣"字与"早"谐音，意早得贵子。

据《戊辰杂钞》记载，这一习俗最早起源于西汉武帝刘彻的新婚之夜。当时出身低微的乐户李延年给皇帝当差，为了获得高官厚禄，遂把自己的妹妹奉送给了皇帝。按照中国封建的礼法，李夫人的身份是很低微的，不可能行正式的结婚大礼。如此一来，李延年觉得不仅自己没有脸面，而且也委曲了妹妹。于是就在华灯高照的新婚之夜，向皇帝跪奏，要分撒彩果以辟邪。当皇帝和新夫人并坐在合欢床前时，李延年边歌边舞，在灯光歌舞的欢笑声中，人们把大把大把的红枣、栗子撒向新婚夫妇。原来取枣和栗子的谐音"早立子"之意。李延年之所以这样做的目的就是想让自己的妹妹早生龙子，母以子贵。果然李夫人"梦熊入怀"，给汉武帝生了个皇子。从此，李夫人渐渐得宠。

现在一些地方的婚俗仍然有撒帐的遗存，只不过不撒枣和栗子了，而是撒五颜六色的纸屑。有的学者认为这样做，有春花秋实的意义。民俗学家宋兆麟先生在《中国生育信仰》中指出："撒帐原是象征播种的，五谷干果都是植物的种子，春天播下种子，秋天就能收获了，与九月怀胎是一致的。"这是从巫术观念来解释的。种子是可以收获的，那么人也可以模仿种子来进行收获。

旧时江苏省江宁县（今南京市江宁区）的民间婚礼上还有撒筷子的习俗。在新郎新娘进入洞房之后，领唱人拿着一把筷子朝上面抛洒，边撒边唱："筷子筷子，快生贵子；筷子飞扬，子孙满堂；筷子落地，状元及第。"苏北应县在闹洞房时，有"筷捣窗户"的习俗。父亲一手抱着一胖男孩，一手拿着红筷子，边捣边唱："一捣一传，养个儿子做大官；一双筷子一个洞，生个儿子更有用。"通过以上习俗可以看出，在结婚的仪式中，处处都充满了人们对生儿养女的期盼。

观音菩萨　皮影　甘肃宁县

鱼戏莲　刘洁琼提供

第三节　节日与生子

世界上很多族群都有令万民攒动、全民狂欢的节日。这样的节日具有古老文化的因子。在这些节日里，人们的狂欢与生育有没有联系呢？通过大量的资料和文献记载证明，相当多的节日都与生育有关。

上巳节　《中国生育信仰》

洗脚大会　《点石斋画报》

妙峰香市 《点石斋画报》

元宵灯会与求子

元宵节是我国传统节日中的重大节日之一。元宵节也叫"灯节""灯夕",这个节日的主要活动是在夜晚放灯,故而得名。元宵之夜,大街小巷张灯结彩,人们赏花灯,猜灯谜,吃元宵,早已成为世代相沿的习俗。

元宵节有祀神、驱疫等活动,但最终目的不外乎祈求五谷丰登、人畜两旺。当然,其中也有与生子有关的内容。在元宵节期间,各地都有许多不同的求子活动,其方式也不一样,主要有送灯求子、向陈靖姑求子、打妇求子、偷生菜求子、拜桥梁求子、走桥求子和拜石狮求子等形式。

旧时淮安地区有送灯求子的习俗。清人徐珂《清稗类钞》载:"二月初二前,凡年老无子及成婚多年而未育者,戚友咸送纸糊之小红灯。盖取麒麟送子之意。以所送之灯或砖悬于望子者之床中,并以酒筵款待送者,他日得子,则有重酬。"因为"灯"与"丁"相谐的缘故,所以陕西西安一带,元宵节的前几天也有"送花灯"的习俗。一般是娘家人把花灯送给新出嫁的女儿家,望女儿婚后吉星高照、早生贵子。

陈靖姑是中国女神之一。海内外公认陈靖姑是救产、护胎、佑民的神仙。台湾,福建的福州、古田,浙江的温州等地在正月十五向陈靖姑烧香、求子。

《帝京景物略》卷二载正月"八日至十八日,集东华门外,曰灯市,贵贱相遇。贫富相贸易,人物齐矣。妇女着白绫衫,队而宵行,谓无腰腿诸疾,曰'走桥'。京城各门,手暗触钉,谓男子样,曰'摸门钉'"。又《长安客话》:"京师元夕,游人火树沿路竞发,而妇女多集玄武门抹金铺,俚俗以为抹则却病产子。"她们之所以走桥,其用意都是祈子。

广东吴川地区在正月十五把桥装饰一新,桥上挂着许多纸花,白花代表男孩,红花代表女孩,人们拜桥求花,祈求生子。

《清稗类钞》载:"广州元夕妇女摘人家蔬菜,谓可宜男。又妇女艰嗣续者,往往于夜中窃人家莴苣食之,云能生子,盖粤人呼莴苣为生菜。"

连生贵子　杨柳青年画

送灯　潍坊年画

走桥韵事　《点石斋画报》

以"菜"象征子女,"生"为孕育之意。

《点石斋画报》记载,广州元妙观门外有一对石狮,其中一只石狮背负着小狮子,妇女多在元宵节前去拜石狮,认为这样做可以得子。

元宵节求子的巫术,反映了人们渴望得到子嗣的美好愿望,但是随着历史的发展和社会的进步,它已经变成一种深刻的历史记忆。

三月三与高禖女神祭

三月三是一个古老的节日。《礼记·月令》记载:"仲秋之月,天子居青阳大庙,乘鸾路,驾仓龙,载青旗,衣青衣,服仓玉,食麦与羊,其器疏以达。是月也,玄鸟至,至之日,以太牢祠于高禖,天子亲往,后妃帅九嫔御,乃礼天子所御,带以弓韣,授以弓矢,于高禖之前。"

农历三月三在魏晋以前被称为"上巳"。这是一个非同寻常的日子,是时人们沐浴祓禊,跳傩驱疫,舞雩求雨,祭祀社神,歌舞狂欢,通宵达旦,具有非常强烈的性放纵色彩。秦汉以来,节日的主要内容包括流水泛觞、水滨祓禊、士人踏青等。这个古老的节日,祭祀的是什么神呢?

根据相关资料可以得知,三月三主要是祭祀高禖神。何为高禖神?高禖神就是管理婚姻和生育之神。有人认为古代文献中那个吞鸟卵而生契的简狄为高禖神。《说文》解释说,"禖"是妇女开始怀孕的状态。由此可以看出,最初的高禖神属女性,而且是具有孕育状的成年女性。事实上,远古时期,一些裸体的妇女像有着发达的大腿和胸部,还有一个向前突出的肚子,这都是生殖的象征。正因为高禖神是掌管子嗣的天神,所以天子才在农历三月三带领妃嫔亲往祭祀,并且授以弓矢,这样做的目的就是向高禖神乞子。

作者曾到山西省考察,看到一块碑文,内容是向高禖神求子:

杰年四十尚无子奉 父命祈嗣於

高媒神庙越岁而育长子牧雍今一纪矣理宜报

赛爰捐金七十鸠工畚土缭以围墙周匝二十余丈俾辟尘沙以妥

神宇又铸铁麒麟二重千六百斤列踞香案用以祇承

滥觞图 《清史图鉴》

数命广送宁馨也因缀数言聊作右
引昭有求之即应玉燕投怀示
无祷之不灵金铃八梦更乞继
继承承本支百世瓜绵椒衍惠
我无疆且为四方善男信女弗
无子者之一证云
大清嘉庆四年三月十八日
邑人监生温峻城率
子侄
牧
豫青雍
孙
宝
惇勤逊
谨志

高禖神就是中国的大地母神和生育神。祭祀的时间是农历三月三日仲春时节。远古时期，先民一般过的是群居生活，聚邑附近的一座高丘或一条河流往往就凭附或寄寓着他们心目中最高的神灵——生命之神、大地母神。禖又同媒，而媒又来自"脒"。祭祀高禖的地点是在郊外，所以高禖又称郊禖。在迎祭生命之神的活动中，男女嬉戏，主题与性有很大的关系。这就是《周礼·媒氏》所记："仲春之月，会令男女，奔者不禁。"

随着时间的推移，祭高禖女神的隆重祭礼悄然消失，代之而起的是文人雅士的临水浮卵、水上浮枣和曲水流觞。临水浮卵就是将煮熟的鸡蛋放在河水中，任其浮移，漂到谁跟前谁拿起来食用。不过，这是一种文明时代的孕育巫术。水上浮枣其实是临水浮卵的变异，因为"枣"谐音"早"，也有早生贵子的含义。临水浮卵和临水浮枣的习俗表现出了人们的强烈生育观念。后来演变为曲水流觞，成为文人雅士的娱乐活动，有关孕育的内容渐渐地减少了。

南方民族多在农历三月初三举行迎接生命之神的复活庆典，其被人类学家称为"阿都尼斯"仪式。这种仪式在汉族已经消失了，但是在少数民族中却很活跃。壮族也有三月三，又称"歌墟节""花街市"。在杂花生树、群莺乱飞的季节，壮族青年男女涌上花街，摆开阵势，载歌载舞，互相应答。歌词的内容丰富多彩。有见面歌、邀请歌、盘歌、爱慕歌、盟誓歌、送别歌，等等。布依族也过三月三，他们一般要对歌。小伙子唱道："春来燕子两边飞／妹拿丝网把她围／有心有意进丝网／无心别在两边飞。"姑娘唱道："哥一山来妹一山／表哥表妹栽牡丹／天上洒下春风雨／牡丹红花开满山。"小伙子又唱："妹家门前一蓬瓜／青藤绿叶开黄花／瓜藤开花会结果／你我几时才成家。"三月三就是狂欢节、求偶节，在这一节日里，有明显的迎接生命之神的含义。

猴　河南省

人面猴　河南省

猫拉猴　河南省

猫拉猴　河南省

母子猴　河南省

送子娘娘　刘珍荣制作

水仙宫求仙方

人祖猴与泥泥狗　河南淮阳

苗族刺绣——双鸟图案

土家族巫师帽子上的鸡宇鸟

人祖庙会与求子

河南淮阳每年二月二到三月三有人祖庙会。人祖指的是伏羲和女娲。碑文上有"斯文鼻祖""人根之祖"等记载。淮阳庙会称伏羲为"人祖爷",称女娲为"人祖奶"。这里每年二月二到三月三都有庙会。民国《淮阳县志》卷二载:"二月二日,黎明用炭圈地作囷形,以兆丰年。儿童拍瓦罐唱歌,是日居民诣太昊庙进香,奠牲,至三月三日始止。"庙会上常卖一种泥泥狗,既是小孩儿的

猴吃桃　陕西省

人面猴　河南省

猴吃桃　山东省

对猴　陕西省

人面猴　河南省

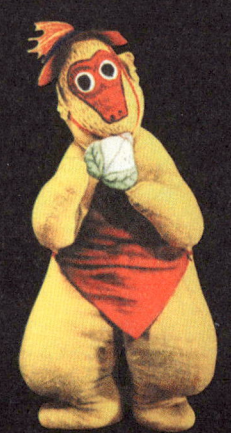
猴吃套子　北京市

人面猴　河南省

玩具，也可在求子时"挂娃娃"使用。庙会上小孩要向香客索取泥泥狗。"老斋公，慢慢走，给把泥泥狗，您老活到九十九。"河南淮阳的人祖庙会上大量出售的泥泥狗，难道只是小孩的玩具吗？民俗学家宋兆麟先生对这种司空见惯的民俗现象进行了调查后发现，人们争相购买泥泥狗除了给孩子作为玩具玩耍外，还有另外两个用途：一是在求育时挂娃娃用，一是沿途送给小孩。而且更有趣的是，泥泥狗有大小、公母之分，这又是为什么呢？旧时人们常常带一抔黄土添在人祖陵上，这是因为人祖用黄土造人的缘故。人们至今还在人祖庙前拴泥娃娃求子，把泥娃娃摆在人祖奶奶面前，烧香上供，祈求生子。这里以泥娃娃象征真娃娃。由此可见，泥泥狗发端于抟黄土造人和求育巫术，是求子巫术的声韵遗响。

西蜀地区三月三有入庙求子的习俗。戏台上俊男扮作张仙，张仙射出木制的童子，楼下众人奋力争抢，获得木童子者，把它放在彩轿上，送给没有孩子的亲友，据说这样日后就能得贵子。

七夕与种生求子

农历七月七日，又称七夕节、乞巧节、女儿节、情人节等。七夕节源于牛郎织女的传说故事。七夕除了乞巧以外，还有种生。种生也是一种求子巫术。台湾当晚要祭七娘神，认为该神是生育之神。民间信仰七娘神者，皆于此日黄昏之时来祭祀。供品有软粿（一种中心压凹的汤圆，传说是给织女装眼泪的）、圆仔花（即千日红，为祈求多子多孙）、鸡冠花、茉莉花、树兰、胭脂、白粉、鸡酒油饭、牲礼、圆镜。必不可少的还有一座纸扎的七娘妈亭，家有满十六岁者，特供粽类、面线。祭后，烧金纸、经衣（印有衣裳的纸），并将七娘神亭焚烧，无法焚尽的竹骨架丢到屋顶，此称"出婆姐间"（婆姐，传说即临水宫夫人女婢），表示该孩童在七娘神的庇护下已长大成人。

农历七月初七的晚上被人们认为是一个非常吉祥的日子，相传这天晚上，牛郎和织女能够通过鹊桥前来相会。妇女在乞巧的同时，也祈求能

够顺利结婚生育。台北的情人庙有一幅对联:"真情无人见,假情天有知。"就是乞求爱情能够永恒不渝的写照。除此之外,情人庙的鸡心石上还刻有一首小诗:

情人双双到庙来,只求儿女不求财。

神前跪下起过誓,谁先变心谁先埋。

更加直白地道出了痴情儿女希望白头偕老的内心愿望。

此外,七夕还有一种"种生"风俗,这也是一种求育巫术。即在节日前,用若干种植物,如小麦、绿豆、小豆、豌豆等,放在器皿中浸水,待其生芽数寸后,于七夕之日用红蓝彩线束扎起来,作为一种得子得福的象征。另外,还用蜡塑成各种象形物体,放在水上浮游。这都是取悦于神,祈求得子的巫术,可能是由唐代的"弄化生"演变而来的。

中秋与送瓜求子

中秋节又称仲秋节、八月十五、团圆节。中国民间流传许多与月亮有关的故事,如月神、月宫、玉兔捣药、吴刚、嫦娥和桂花酒等,无不令人心驰神往。由于八月十五月儿正圆,此夜象征花好月圆,家庭和睦。所以,中秋节也有求子的习俗。

在传统的农业社会里,生产力极其低下,维持生产必须依靠人力,这是人们之所以重视子嗣的原因之一。因此,中秋之日月圆人圆,也是求子的良机。《东京梦华录》卷八载:"八月秋社……人家妇女皆归外家,晚归,即外公、姨舅,皆以新葫芦儿、枣儿为遗。"因为葫芦多子,象征着多孕多子,民间常常把葫芦挂在床头,表明求子的心理。更普遍的求子方法是中秋送瓜求子,湖南等地就有此俗。《中华全国风俗志》卷六载:"中秋晚,衡城有送瓜一事,凡席丰覆厚之家,娶妇数年不育者,则亲友举行送瓜,选数日于菜园中窃冬瓜一个,勿令园主知之。以采(彩)色绘成面目,衣服裹于其上如人形,举年长命好者抱之,鸣金放炮送至其家。年长者置瓜于床,以被覆之,口中念曰'种瓜得瓜,种豆得豆',受瓜者设盛筵款之,若喜事然。妇女得瓜后即剖食之。"同时，民间也常在中秋贴"麒麟送子"等剪纸，目的也是为了早生贵子。

关于节日求子的习俗非常多。居于美丽的苍崇山洱海边的白族有"绕三灵"的习俗。绕三灵的活动是以村落为单位举行的，人们要供奉本村落的本主神，然后围绕着神树载歌载舞。届时，人们不是在苍山上聚会，也不是在洱海边划龙舟，而是在绿野田畴间歌舞狂欢。当地人说这是为了祈雨。但是一些民俗学家不同意这一观点，他们提出疑问：祈雨为什么要男女欢跳呢？所以，认为这也是求子的一种形式。

苗族有芦笙会，又名跳场。跳场时要围绕着花树跳，花树用一丈高的竹子装点而成，盛装的青年男女围绕着花树翩翩起舞，嘹亮的芦笙声与青年人的舞步交织在一起。

中国各族求子的方式是多种多样的，在欢庆的同时，也表现了祈生的观念：不仅祈求人类的繁衍，同时也祈求农作物的丰收，而这两者是有共同之处的。

麒麟送子

图说中国诞生礼仪

麒麟送子

麒麟送子　山西祁县砖雕

麒麟送子　山西闻喜刺绣

麒麟送子　俄罗斯艾尔米塔什博物馆藏

第四章
诞　生

对于一个历史上的传统的农业大国和生育大国来说，中国人对生命诞生的渴望重于西方。因此，当生命在母体中被孕育的时候，中国人就开始注意母亲的言行与新生儿的关系，并逐渐形成了重视胎教，重视对母亲行为的规范，重视优生的传统。在婴儿诞生的整个过程中，对于产房的布置、脐带的处理、母亲的哺乳，也都分外关注。这里蕴涵着深厚的民间信仰，其中饱含的是对新生命的珍视和厚爱。

图说中国诞生礼仪

第一节　生命的孕育

鼠闹葡萄　剪纸

金钟扣蛤蟆　剪纸

新婚以后，生儿育女就会被提到家庭的议事日程上来。新婚夫妇为了早生贵子，常在家里贴上丰富多彩的喜花。例如：《鱼穿莲》中以鱼喻男，以莲喻女；《鹭鸶探莲》中鹭鸶为男，莲为女；《金钟扣蛤蟆》中以金钟喻男，以蛤蟆喻女；《老鼠偷番瓜》是由六只老鼠与番瓜组成的一组图案，番瓜中突出了"种子"，这里的"种子"与"葫芦"为同属科植物，有"绵

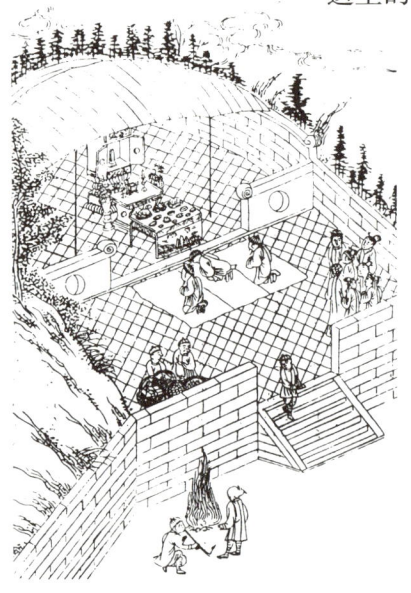

坟墓祭祀（又称墓祭）　《清俗纪闻》

家庙祭祀图　《清俗纪闻》

瓜瓞绵绵　清　福建浦城

石榴结籽　剪纸

碗扣娃　剪纸

求子图　贵州苗族剪纸

蛙孩儿

绵瓜瓞"之意，象征着生命，老鼠又为"子神"，"子神"与瓜体结合，含义昭然若揭。

胎　教

中国是一个重视生育的国家，不但重视人口繁衍的数量，而且重视人口的质量。使自己的孩子身心健康地成长，成为德才兼备的栋梁之材，是每个家长的期望。婴儿在母体中孕育的时候就要受到一定的教育，我们把这种教育叫胎教。

关于胎教起于何时的说法，现在已经无法找到确切的资料。据《礼记》记载，周成

麒麟送子　杨柳青年画

王的母亲在怀周文王时，"立而不跛，坐而不差，笑而不喧，独处不倨，虽怒不詈"。刘向的《列女传》里也有文王之母重视胎教的记载。唐代孙思邈在《千金方·养胎论》里，把周文王母亲怀子时的胎教总结为："妊娠三月，欲得观犀象猛兽珠宝物，欲得见贤人君子盛德大师。观礼乐钟鼓俎豆军旅陈设，焚烧名香，口诵诗书，古今箴诫，居处简静。割不正不食，席不正不坐。弹琴瑟，调心神，和情性，节嗜欲，庶事清净。生子皆良长寿，忠孝仁义，聪慧无疾、斯盖文王胎教也。"

由此可以看出，我国非常重视胎教。中国传统的胎教讲究"外象内感"。外象就是孕妇的所观、所听、所嗅、所尝、所触。这些"外象"都应是美好的形象、美好的事物以及美妙的环境，这样的"外象"对胎儿的孕育才会产生有利的影响。"外象"的第二层意思是针对孕妇来讲的，指孕妇本人要求站立有象，庄重稳健，喜怒哀乐，有节有度，不能任意恣行，否则会对胎儿产生不良的影响。正因为周文王的母亲在妊娠期间"目不视恶色，耳不听淫声，口不出傲言"，所以诞生的周文王才能成为一代明君。当然，良好的胎教对胎儿有一定的影响，但是，周文王之所以能够成为一代明君，除了胎教外，还有其他重要的因素。

胎教一般有许多禁忌，这些禁忌主要表现在饮食、行为以及敬神等诸多方面。段成式的《酉阳杂俎》里面记载，食姜会造成胎儿流产；王充的《论衡》里面也有吃了兔子肉，诞生的孩子会成为兔唇（即豁嘴）的说法；东北少数民族赫哲族认为孕妇如果跨过扁担或斧子就会难产；讥笑别人长得难看的孕妇会生怪胎；等等。

许多少数民族也很重视胎教。在阿佤山的村寨树立着高高的寨桩，寨桩上用"U"表示酸木瓜的图案。据说孕妇在怀孕期间吃酸木瓜，对出生的孩子也有好处。

孕妇陶俑　邢莉摄

阿佤山寨桩　邢莉摄

良好的胎教要求孕妇要听优美的音乐，观芬芳的花草，赏心悦目，自怡自得。现代科学证明这些活动有利于胎儿身心的成长。

胎　神

中国民间把孕妇的饮食起居和一举一动都与胎儿的安全紧密地联系在一起，甚至为胎儿的孕育创造出来一个神灵，即胎神。胎神是掌管妇女胎孕之事的神灵。民间认为胎神是不能触犯的，触犯了胎神就会危及母腹中的婴儿。另外，胎神也要随着季节的推移而移位。例如，正月胎神被放置在房床，二月在窗户，三月在门窗，四月在厨灶，五月在房床，六月在床仓，七月在碓磨，八月在厕户，九月在门房，十月在房床，十一月在炉灶，十二月在房床。胎神的活动被看成是有规律的，它往往按照时间的移动而处在房间的不同位置。另外，胎神是必受到尊重的，触动了胎神就会对胎儿产生不良的影响。民间有安胎符的信仰，如果触动了胎神，就要通过种种方式来安慰胎神，否则孕妇就有可能流产。

正因为孕妇生产关系着母子的

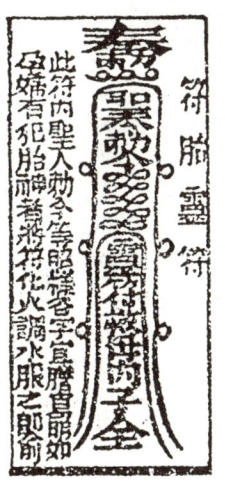

符胎灵符
《中国生育礼俗考》

安胎符
《中国生育礼俗考》

九子观音图
湘西木雕

催生娘娘
《中国迷信》

兴济宫保生大帝
宋兆麟提供

生育神
江帆提供

催生送子娘娘 《中国迷信》　　观音求子 云岗石窟　　鬼子母 正定兴隆寺壁画

安危,关系着家庭的幸福甚至宗族的兴旺,所以人们期盼孕妇能够顺产,为此而创造出种种保护神。我国首位生殖大神为"高禖",各民族都把自己的女始祖视为本民族的高禖神,如女娲为华夏族的高禖,简狄为商人的高禖,姜嫄为周人的高禖。不仅如此,各地区和各民族也有众多生育、保育神。民间妇女历来信奉催生娘娘、注生娘娘、金花娘娘、保生大帝等,她们都是保佑妇女顺利生育和婴儿健康成长的保护神。催生娘娘有观音菩萨、顺懿夫人、七娘夫人、陈夫人等。《闽杂记》卷五对陈夫人有所记载:"孕数月,会大旱,脱胎祈雨,寻卒,年底二十四,卒时自言:吾死必为神,求人产难。"人们把这些保护神贴在产房内,也有的在生产前由女性先行祈求神灵的保佑,目的都是期望婴儿平安降生。

娃娃圈

陕北这片苍茫的黄土地上,还保留着很多古朴的习俗。妇女怀孕后娘家送"娃娃圈"就是主要的习俗之一。所谓"娃娃圈",就是一个由娘家人绣的头带。娘家人给出嫁的闺女送"娃娃圈"在古籍里就有记载。西周时期,妇女如果怀孕,室内就要挂虎鼻开始胎教。这里的"鼻"为"祖"意,虎鼻即老虎的祖先。这样做有两个目的:一是乞求婴儿的成长能够得到祖先的护佑,二是期盼新生婴儿能够像老虎一样强悍无敌。妇女生育后,小香包之类的挂件等可以送给别人,唯独得把布老虎和布娃娃留下来。这样做,符合了中国人期盼多子多福、多生贵子的愿望。

第二节　婴儿的诞生

分娩　剪纸

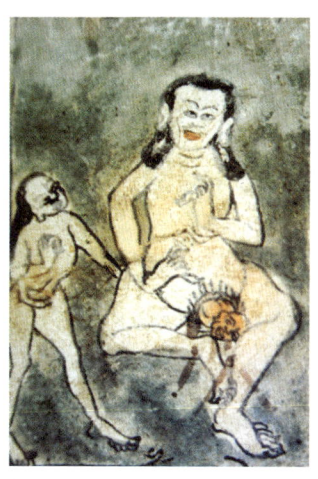

藏族分娩图　宋兆麟提供

"怀胎十月，一朝分娩"说的是妇女怀孕后，经过一段时间婴儿就要诞生了。旧时称妇女怀孕叫"有喜"，婴儿降生叫"添喜"，婴儿降生后要"报喜"。由此可见，生儿育女对家庭来说是多么地重要。可是，生孩子喜则喜矣，但是从女性角色来讲，分娩婴儿犹如过生死关。旧时称妇女分娩为"到阎王爷那儿走了一遭"，也有人说"孩儿的生日就是娘的难日"。一般来讲，分娩的过程长达十几个小时甚至几十个小时，妇女不仅身体要承受巨大的痛苦，而且此时由于心理的恐惧和压力，也很容易产生情绪上的不稳定，出现由心理引起的各种身体并发症，或出现神经衰弱、神经病变，等等。西方的精神分析学家海曼、比布尔、本尼迪克特等对此都做过分析，他们把怀孕和分娩视为每个女性心理发展的重要阶段，认为分娩是对产妇身体和精神的双重考验。对于一个家庭来说，分娩是家庭兴旺的主要标志。人们期待着家庭的兴旺，期盼着婴儿的降生。但是在期盼婴儿降生的同时,也对母亲的生命安全和健康无比地担忧。

顺 产

生产时要做好各种准备,包括孕妇分娩使用的必须品和婴儿使用的衣服、小被褥等。

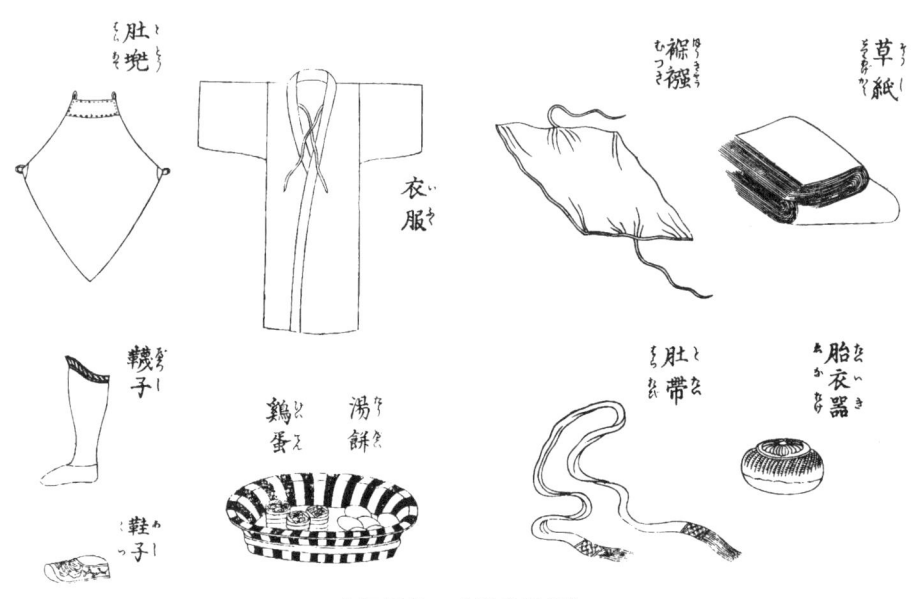

产妇用品 《清俗纪闻》

能够安产(顺产)是母亲的最大愿望,但是过去由于不知如何推算预产期,甚至有孕妇产儿于田间小路上,《吴友如画宝》中就描绘了这种状况。旧时由于医疗条件比较差,接产的大都是民间的收生婆。虽然在实践中,她们积累了丰富的接生经验,但是仅仅凭经验来接生是不够的,加上有的收生婆医术不高明,从而导致产妇忍受过多的痛苦,甚至导致死亡。后来西医东渐,为了保证妇婴的安全,民国时期,一些医院引进了剖腹术。这样新生儿的成活率有所提高。但是,由于对科学怀胎知识等方面不很了解,有时新生婴儿有不同程度的生理缺陷,给父母及家庭带来了极大的痛苦。

沿途分娩

女子之苦十倍於夫男即如分娩一事真有死生出入懸命於呼吸間者大家水漿藥餌穩婆醫生一切早為善備猶不免禍生不測下而編氓小戶所需日用急切未能多得儻有懷胎彌月而頑腹膨脝猶向街頭行者日前揚州有一婦約三十餘行經石牌樓前倏然叫苦半晌產一女孩隨手以其所穿裙幅胡亂包裹且泣且訕一步一蹶而去是則小家婦之苦尤甚於大家十倍也人生不幸作女子身信然

沿途分娩 《吳友如畫寶》

剖腹出儿 《吴友如画宝》

收生害命 《吴友如画宝》

溺女不拯 《吴友如画宝》

胎儿平安降生是一个家庭最大的心愿。南宋朱端章的《卫生家宝产育备要》收集产图共十二幅。每月一张，上列八卦方位和十三神明讳，以及安产和藏胞衣的方法。告知婴儿不同的诞生日把安产图贴在不同的方位，就可以顺利分娩。如果万一触动了胎神，民间信仰认为就得念催生符，符咒曰："天催催，地催催，催生男，催生女，快落地，麒麟左降生，凤凰右降生。"这表明了人们对顺产的期盼。

过去由于医疗技术比较落后，虽然有接生婆，但是她们多半凭借的是经验，多数情况下，产妇都会受到感染，并引发各种并发症，甚至因为难产而失去生命。为此，产妇渴盼有一位神灵来护佑他们顺利分娩。于是，就诞生了各种各样的助产神，大奶夫人就是其中之一。大奶夫人又称陈夫人、临水陈夫人、催生娘娘、顺天圣母等。据说大奶夫人叫陈靖姑，原是福建古田县临水人。她怀孕数月后，不幸遇上大旱，为了解救众生，她堕胎祈雨，临死之前，发出誓愿："吾死必为神，救人难产。"后来人们立庙祭祀，祈求陈夫人保佑妇女生产顺利。

麒麟送子　杨柳青年画

贺喜得子　《中国风俗图象解说》

过去一些地方还有用筷子催生的习俗。咸丰二年（1852年）兰贵人在储秀宫怀孕时，总管奉旨选好风水宝地刨喜坑，并"随姥姥两名，至喜坑前念喜歌，安放筷子、红绸子、金银八宝"。生孩子是非常危险的，安放筷子主要是因为"筷子"与"快生子"谐音，取其吉祥。通过筷子催生，兰贵人生下载淳（即同治皇帝）后，把胎盘脐带连同筷子一起埋入喜坑里。

临水陈夫人

脐　带

脐带是母亲和婴儿的联结线。中国人对脐带的处理是非常慎重的。割脐带的用具一般是剪刀，有的少数民族用石片、陶片或者竹片。不同的民族有不同的处理脐带的方法。土家族把脐带挂在树上，直到烂掉为止；布朗族则要把脐带缝在帽子里，据说有辟邪的作用。他们认为胎衣是婴儿身体的一部分，胎衣是否处理得当关系着婴儿能否健康成长。云南有些民族把胎衣埋在房门背后或者挂在柱子上，认为这样婴儿就可以健康成长；傣族则把脐带置于竹筒内，埋于竹楼下。无沦脐带被放置在哪里，这样做的目的只有一个，即为了让孩子平安无事。

重男轻女的陋习

中国的传统观念历来重男轻女，认为生了男孩就可以延续香火、子孙满堂，使得整个家族人丁兴旺。旧时人们认为"女性非子"。"子"为滋生长养之意，而这是男子的专利。《大戴礼记》曰："女者，如也，子者，孽也；女子者，言如男子之教而长其义理者也，故谓之妇人。"由此可见，妇女在当时完全失去了独立的人格和地位。在一些父母眼中，生的女孩就成了"赔钱货"，于是残害女婴的恶习就时有发生。史载，明清时代弃女婴的事非常普遍。有的孩子刚一呱呱落地就被人用水溺死。可怜天下父母心，不重生女重生男！一个个幼小的生灵就这样被残酷的礼法扼杀于襁褓之中。明代作家冯梦龙的《禁溺女告示》、清代学者郑观应的《劝戒溺女》、施闰章的《戒溺女歌》、秦智洪的《崇明风俗有生女即委弃者感赋》等都是进步文人对这种逆天背理之事发出的痛心疾首的呐喊。自号为鹤洞子者评《戒溺女歌图序》云："呜呼，强女之狂澜一日不回，菩萨之颦眉一日不展，普愿讽其歌披其图者，互相传戒，力挽颓俗，家家之子女团圆，再而祥和洋溢。"在民间，人们把拯救女婴的希望寄托在观音这位圣母身上。《南海慈航》里讲到，新安郡吴德昌连生五个女儿，按陋俗"人功其溺"，但他坚决不从。后梦见自己到神庙里，见神微服端坐，德昌向神再拜，神把他扶了起来。神告诉他放生有功，而陶姓家第七子有善根，因而要托生到他家。果然不久，昌妻陈氏生了一子。由于旧时民间溺死女婴的现象时有发生，所以人们才用美好的愿望来劝戒人们正确对待女婴。

溺女宜拯 《吴友如画宝》

正因为重男轻女的陈腐观念束缚着妇女,所以她们在求子的时候常常佩戴一种萱草,称之为"宜男草"。嵇康《养生论》曰:"……萱草忘忧,愚智所共知也。"因为萱草可以忘忧,所以期望生男孩的妇女常通过佩带萱草来实现自己生男的愿望。在旧时的传统观念里,以男性世系确定地位及继承财产,加之在传统的农业社会男子为最好的劳动力,为了生个男孩,许多妇女不仅承受了肉体上的痛苦,甚至还会发生把女婴和多男孩家庭互换的现象。

溺女显报 《吴友如画宝》

宜男多子　　　宜男宜寿　　　姊妹易儿 《吴友如画宝》

哺 乳

婴儿呱呱坠地后,食乳是其生存之需。中国的传统观念认为,母亲

产房　《清俗纪闻》

慈母哺稚　清代年画

喂乳妇女
《中国美术全集》

苏州娘姨
《中国美术全集》

应该亲自为婴儿哺乳。"女婴啼春晓，母乳哺月圆。"这是一幅婴儿恬静地享受母乳的图画。在母亲亲自哺乳的过程中，婴儿能够体会到母亲怀抱的温暖，能够很快适应外面的环境，对母亲产生天然的依恋，得到一种生命的满足。哺乳是母爱子、子亲母的最初、最圣洁的形式，那是一种本能的原初的爱，表现了人类最本质的美。卢梭在其教育名著《爱弥儿》中也说："我敢向这些可敬的母亲保证，保证他们将得到她们丈夫的坚定不移的爱情，保证她们将得到她们孩子的真诚的孝顺，保证她们将得到人人的尊重。"

中医非常讲究哺乳的数量、质量和方法。中医认为，不能给婴儿喂得太饱，也不能喂得太少，而应该适量。并讲究"夏不去热乳，令儿呕逆，冬不去寒乳，令儿咳欠痫"。哺乳时还要注意不要噎了婴儿，等等。

图说中国诞生礼仪

满族子孙绳　邢莉摄

子孙带　邢莉摄

得子挂红绳　萨玮玲摄

产　房

据《礼记·内则》记载，先秦时，孕妇在临产那个月的月初，就要进入"侧室"居住，这里的"侧室"就是产房。婴儿一诞生，就和母亲生活在产房了。《清俗纪闻》里面详细记载了有关产房的设置。产房讲究温暖舒适。讲究阳光，避免产妇和婴儿有中风的可能。中国的传统习俗是产妇生完孩子后要坐月子。即一个月内不能出屋，在这一个月内产妇要安心静养，以免着风受凉。

产房要严加保护。我国各民族广泛流传着禁忌外人进入产房的习俗，所以在产房前挂有各种各样的标志。民族不同，地域不同，所挂的标志也就不同，但目的都是提示人们这家有产妇需要呵护。

满族生男孩后挂子孙绳，满语称其为哈补钉。它是婴儿出生的标志。女孩出生时，要挂布条。布条一般用长五寸、宽一寸的布做成，有红、绿、蓝、黄等各种颜色。当女孩出生时，人们就将布条挂在门口以示乡邻，表示家族又增加了一位女性。满族就是用这种方法来记录家族世系的发展的。朝鲜族把红辣椒用草绳穿起来，作为生男孩的标志。为什么要挂辣椒呢？在民俗里，辣椒是男孩生殖器的象征。挂辣椒有告知和贺喜的双重含义；东北农家生儿育女喜添丁口时，把用条子编的筐放置于家门口的木杆上；居住在内蒙古莫力达瓦旗的鄂温克族在生孩子时挂红布条作为标志；内蒙古鄂尔多斯高原上有悬挂风马旗的习俗。每当过年时或者新生命诞生时，他们都要更换新的风马旗。风马旗蒙语的意思是"黑毛力"，除了标志有婴儿诞生之意外，还有祈求好运的意思。为什么要挂风马旗作为生产标志呢？首先是禁忌作用，产妇和初生的婴儿都需要保护，产妇生产后，家里谢绝一般人，尤其是男人的往来；同时，也是为了更好地抚育婴儿；此外，对新生儿也有祝福的意义，祝福男儿勇敢、剽悍、刚强，祝福女孩聪慧、能干、善良。

报　喜

"喜接心中伴，欣生掌上珠。"当新生命诞生的时候，男方要向女方父母报喜，女方家有贺生的习俗。不管是女儿离娘家十里百里，甚至更远，娘家人都要前去贺生。贺生的礼物多种多样。有给女儿保养身体的鸡、鸡蛋、面花、饺子，等等，还有给婴儿的日常用品、衣服鞋袜，等等。这里面也有很多讲究，因为不同的物品有不同的寓意。在陕北地区，娘家人送给娃娃用的蛤蟆耳枕、鱼形耳枕，这些都是祈生的符号，祈求自己的女儿能够多生贵子；陕西关中的贺生面花中有老虎的形象，造型除具有虎的特征外，尾巴为龙型，是虎与龙的合体，也寄托着大人对孩子的希望。其他各地也有不同的习俗。娘家人都把生活的真善美摄入自己的心灵，又从心灵中反射到贺生的礼物上。

娃娃面花　山西省

礼馍　山西省

礼馍　山西省

产翁制遗俗　苗族

生生不息　郭如林制作

其他

  生产本是妇女的事情，而且产后妇女都要恢复身体，调养精神，但是古今中外还有一些特殊的习俗，那就是产翁制习俗。所谓产翁制，法国学者沙尔费勃克对此曾做了如下描述："这个习俗就是当女子生了小孩，是父亲坐床，是父亲假装作痛，大家也是照应父亲，几乎很相信父亲真是生了小孩。并且邻居男女贺喜的也是贺父亲，也是照应父亲……并不挂念母亲，母亲仍然是专心去做她的家务。"古越地就有这样的习俗，《太平广记》卷四百八十三记载："越俗，其妻或诞子，经三日，便澡身于溪河，返，具糜以饷婿。婿拥衾抱雏，坐于寝榻，称为产翁。"古僚人也有这样的习俗，宋《岭外代答》卷十载："僚妇生子即出，夫惫卧如乳妇，不谨其妻则病，谨乃无苦。"为什么会有产翁制的习俗呢？人类学家和民俗学家有多种解释。拉法格在《家庭进化论》中认为起源于宗教观念；有的认为是父权制的观念："这种行动的方法，供给了男子做他承认父权之用，为男子表现出来，他对于小孩子之权，也同于母亲对小孩子之权一样，在家庭进化的过程中，做了母系制过渡到父权制度的阶梯。"

  "产翁制"在今天看来，似乎十分荒唐，然而，从历史的角度来看，它是父权制替代母权制过程中两性斗争的重要方面之一，是人类历史的进步。

第五章
诞生礼仪

　　中国人非常热爱生命，重视生命。当一个婴儿迎着初生的朝阳诞生后，整个家庭为了养育婴儿就要付出极大的心血，从而形成了一整套有关抚育婴儿的礼仪。这些传统礼仪中有相当一部分有其存在的合理性，很值得我们借鉴。

第一节　满月前的礼仪

洗　三

洗三是儿童的诞生礼仪之一。清代崇彝《道咸以来朝野杂记》记载："三日洗儿，谓之洗三。"三天洗儿不同于一般的洗澡，礼仪非常繁复。

洗三有处理婴儿脐带的意义。《中华全国风俗志》下卷卷一详细记载了民国时期北京民间"洗三"的礼仪。洗三以收生婆为主角。收生婆先得为婴儿沐浴，洗浴后给小儿的肚脐涂抹上烧过的明矾沫，并用棉花包扎好以防感染。

洗三时所用的水也非常讲究，一般要给水里添加各种中草药。满族用槐条、艾叶煮汤，认为这样可以消灾祛难；住在广西大瑶山的瑶族也有药浴的习俗，他们用的澡盆一般是木制的，首先把配好的几种甚至十几种草药放到水里煮，然后用它来给婴儿洗浴，这样可以起到消疮、舒筋活血等功效；居住在西南地区的侗族不仅向洗澡水里放入艾叶、八角等，还要丢几根

白娘娘产子　桃花坞年画

生葱。唐代有的地方用虎骨汤给婴儿洗澡,据说这样做可以到老无病。明代李时珍的《本草纲目》也记载以此沐浴,可以不生诸种疾病。此外,也有用溪水给婴儿洗浴的。《清稗类钞·风俗类·台番育儿》记载,母亲带着初生的婴儿在溪水里洗澡,目的是让他不畏风寒、熟悉水性等。

旧时北京洗三时,一边给孩子洗,一边要把花生、栗子、枣等果品往盆里添,据说这样做的目的是"早立子"嗣,饱含了祈生之意。宋《东京梦华录》里面把洗婴儿的水叫"香汤",还在"香汤"中放了果子、彩线、葱、蒜等东西。等到水里的枣漂浮上来后,妇女们争先恐后地抢食,据说这样就可以生男孩。青海地区的蒙古族用各种各样的方法给婴儿洗浴:用茶水洗浴,认为婴儿像茶一样不能缺少;用盐水洗,认为婴儿像盐一样有利于他人;用骨头汤洗,可防止婴儿气虚;用松枝洗,寓意婴儿要像松枝一样长命百岁;等等。

洗三也有祝福的意义。《中华全国风俗志》下卷卷一记载,"洗三"时,所置的物品除了洗涤用具外,还要置办两个盆,一个盆内装有吃的和用的,例如置放白糖和布,希冀小孩一辈子温饱,放置秤和权,希冀小孩长大后聪慧有出息。吉林地区给婴儿洗完后,要用姜片和艾团灸小儿

洗三 《清俗纪闻》

洗三 《中国风俗图象解说》

的脑门和身体各处关节。然后，用一块青白布蘸上白糖擦拭小孩的牙床，如果小儿大哭，就认为是吉兆，称之为"响盆"。最后用葱轻轻画三下，口中念道："一打聪明，一打伶俐，三打乖。"这当然是用语言巫术和行为巫术的形式来为婴儿祈福了。

"洗三"的习俗不仅在民间广为流行，而且在宫廷中也非常盛行。唐代时，杨贵妃就为她所收养的干儿子安禄山在宫廷中举办过"洗三"礼仪。北京雍和宫里有一洗三盆，这是乾隆皇帝"洗三"用的沐浴盆。盆边雕有吉祥图案，主要为鱼身、鱼尾、龙头、龙尾。中国民间剪纸上有"鱼龙变化"的图案。据说龙源于鱼，鱼可以变化为龙，显然寓含着父母望子成龙的期望。

洗三还含有感谢生育神的意思。民国时期《淮阳县志》记载，举行"洗三"时房内须设祭台，由产婆祭酒焚香，感谢高禖神给自己带来了子子孙孙。一些地方除了祭祀高禖神外，还要感谢床公床母，因为他们也是生育之神。

"洗三"这种仪式是从什么时候开始的，现在还没有确切的历史资料来佐证。唐代李德裕编的《次柳氏旧闻》里记载，"洗三"源于唐玄宗。

有意思的是，给初生婴儿洗澡，为什么要叫"洗三"呢？从中国人的数字观念来看，"三"是个吉祥的数字，例如三星高照、三元及第、连升三级，等等。之所以称为"洗三"，显然与表示对新生命的祝福有关。

浴婴图　宋代

乾隆皇帝使用的洗三盆　雍和宫藏

妃子浴儿图　宋　仇英画

保家娘娘　《中国美术全集》

第五章　诞生礼仪

扣娃娃

在陕西关中一带，孩子诞生后，娘家人在第三天要举行扣娃娃的仪式。这天一大早，娘家人把昨天晚上已经准备好的锅盔用红布包好，然后准备一个百锁。什么是百锁呢？百锁就是用红绳把人民币绑成一个吉祥图案。娘家人去看娃娃，见了娃娃后，把锅盔放在娃娃的头上或身边，这就叫扣娃娃，目的是保佑娃娃快快长大，以防孩子夭折。然后把事先准备好的百锁绑在孩子的脖子上，这叫拴娃娃。拴娃娃的目的也是为了保佑孩子快点长大。

打三灶

苗族婴儿诞生后，有"打三灶"的习俗。何谓"打三灶"？打三灶就是婴儿生下的第三天，众多娘家人和亲戚前去庆贺的一种礼仪。娘家人要走遥远的山路，挑着各种各样

孩子过三天时，笑容满面的外婆带着锅盔去扣外孙
陕西省　姚孟喜摄

小孩需要的物品去庆贺。按道理婆家应该笑容满面、敞开大门来迎接。可是，苗族的风俗却是婆家人偏不让娘家人进门，不仅要喝酒，而且还要对歌，歌词询问客人从哪里来，来的目的是什么，等等。娘家人回答的歌词里，都含有对新生婴儿赞颂的内容。对歌完毕后，大摆酒宴，开怀畅饮，唱歌跳舞，并做一些与孩子有关的游戏。苗家有崇拜盘瓠的风俗，他们认为孩子降生，得益于祖先盘瓠的护佑，歌舞娱乐诸事都含有认祖的意义。

过十天

西北地区婴儿诞生后，有过十天的习俗，也叫下奶。因为产妇生产后，体质比较虚弱，有时没有足够的奶水来喂养婴儿，所以，孩子十天的时候，娘家人会准备好红糖、猪蹄或猪肉等下奶的礼物，给婴儿带上一身衣服，前去看望产妇和婴儿。婆家把红糖和猪蹄一起熬好后，让产妇食用，这样就可以使产妇很快有足够的奶水供婴儿饮用了。

除了以上的礼仪外，还有过半月、过二十天等习俗。虽然时间不一，但是目的都是为了祈求产妇健康平安，保佑婴儿健康有为。

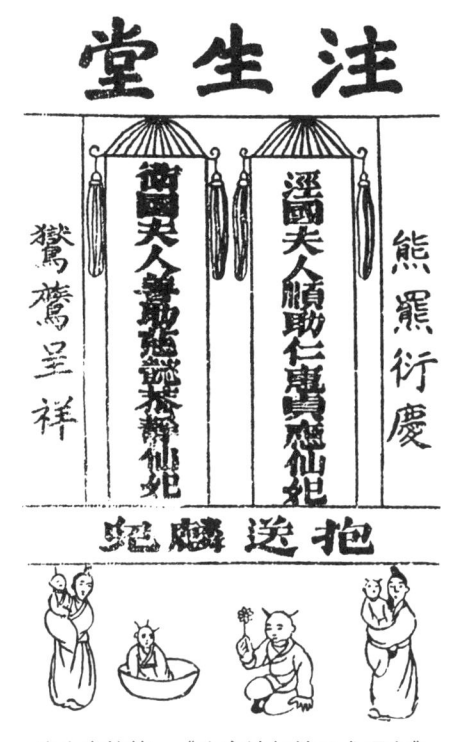

注生堂护符　《生育神与性巫术研究》

第五章 诞生礼仪

图说中国诞生礼仪

第二节　周岁内的礼仪

婴儿的成长不易，不仅是因为婴儿生命力十分弱小，而且因为人本身的生存环境常常受到风雨雷电、严寒酷暑等自然灾害的侵袭。"吾不视青天高，黄地厚，惟见月寒日暖，来煎人寿。"民间认为养育婴儿是一件不容易的事情，要经过各种"关口"。正因为生命的成长要受到生存环境的考验，所以针对周岁以内的婴儿还要举行各种各样的仪式，其目的都是为了避免大自然对婴儿造成伤害。

满　月

婴儿满一月时，亲朋好友都会前去庆贺，主人要办满月酒席以庆贺婴儿的健康成长。旧时北京地区婴儿满月那天，生孩子人家的门前要搭红、黄两色的彩牌楼或悬挂红黄彩球。院内搭酒棚，摆设茶座。正厅为礼堂，需用红毡铺地，并在用绣花红缎覆盖的八仙桌上供奉"满月全神"，还要点上红烛，周围陈列亲朋好友所送的各式礼品。礼品中的礼金大多用红色纸包着。外婆家要给孩子送上刻有麒麟送子、长命百岁等图案的锁子，锁子一般用银制成。姨家、

孩子过满月时，姥姥送来祝贺的礼馍　姚孟喜摄

孩子过满月时，姥姥家送来的披风、帽子、荷包、布老虎、枕头、银手镯等丰盛的礼物　姚孟喜摄

梳不同发式的儿童在玩耍　焦秉贞绘

梳不同发式的儿童在玩耍　宋代

舅家还要送小孩穿戴的虎头帽、莲花帽、虎头鞋等，亲朋好友则送各种滋补营养品给产妇补身子。

剪　发

满月一般要给婴儿剪头，也叫剪胎发，一般在婴儿百日时进行。男婴剃的发式是"角"，女婴留的发式为"髻"。后来则有满月剃头的习俗。

剃头时，一定要把脑门的头发留下，这叫留胎毛，即在婴儿前脑门留下约一二寸大小的方形胎毛。为什么要留胎毛呢？《尔雅·释言》解释："髦，俊也。"比喻英俊的人物。由此看来，之所以给婴儿留胎毛，也源于父母望子成龙的希冀。河北省有的地区在剃头时把胎儿的头发剪下来，拴在婴儿的手上，认为这样做有保护孩子健康成长的作用。

剪发的习俗各地都有，但是时间和地点都不一样。山东临沂地区在一百天时给婴儿剪发。这一天要搬一板凳坐在路口，舅舅先剪第一剪，然后再由三个不同姓氏的女孩给婴儿剪发。过去的习俗是把胎发收在一个布袋里，放在灶君像面前，后来变成抛在空中，任其随风飘去。一边抛洒一边在口里念道："随风走，活到九十九。随风刮，活到八十八。"由此看来，剪胎发也有祝福婴儿健康长寿的寓意。

山东莒县出生的男婴过满月时，孩子的舅家给孩子举行剪发仪式。舅舅来时要带一只布老虎，并且将它放在小孩能够看到的地方。据说有一种叫"摁虎子"的不祥动物，它不时在人们的身上踩来踩去，会使人

满月婴儿发形　王悌画

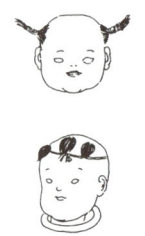
男幼儿发形　王悌画

儿童发式

大坐虎　泥塑　陕西凤翔

布虎　山西黎城

喘不过气来。如果小孩身边有了布老虎，就不会受"摁虎子"的折磨了。如果小孩夜晚哭个不停，当地称之为"淘热气"。如果把布老虎放在小孩的身边，小孩夜里就不会啼哭了。人们还相信，有布老虎给小孩做伴，小孩子会长得很结实。

送背带

我国南方一些民族，例如瑶族、苗族、壮族、侗族、布依族、仫佬族等都有用背带背儿童的习俗。柳江的壮族，当女儿的头胎婴儿满月时，外婆要给外孙送背带，同时给娃崽起名字。因此，送背带也成为满月礼仪的重要组成部分。吕胜中主编的《广西民族风俗艺术·娃崽背带》中记载了一首歌谣——《巴马布努瑶》，生动描述了送背带礼仪的盛况：

一声喊歌唱生堂，万人齐和声同心。

背带　邢莉摄　　　　背带　邢莉摄　　　　背带　邢莉摄

此时天地动真情，此刻山水也喝彩。

交背带，接背带，背带接系两家人。

从来外婆亲外甥，打断骨头连着筋。

自古生命祖婆传，一条背带连着根。

送背带也有讲究，外婆家须带着一支热热闹闹的贺生队伍前去给自己的外孙送背带，迎接他们的主人家也得是一支喜气洋洋的队伍。这时外婆把自己亲手绣的背带送到婆家手里。婆家不仅要摆设酒宴，而且还要与娘家人对歌。

外婆唱："总愿背带变张网，网得天边一颗星，星子点灯会读书，肚有文章几聪明。"

亲家唱："背带只是宝囊袋，背出一只蜜蜂来，蜜蜂飞来就采花，酿出蜜来娘心开。"

母亲用背带背着孩子　贵州省　　　侗族妇女用背带背着孩子　湖南省
张柏如摄　　　　　　　　　　　　张柏如摄

外婆最后唱道:"背带歌尾是木叶,吹得外甥嘴巴开,明天世界由他做,由他开辟新歌台。"

亲人通过背带歌把对孩子的希冀淋漓尽致地表现出来。

广西瑶族、侗族等民族都把送背带的仪式看作非常重要的大事。南方一些民族的背带是由外婆亲手缝制的,有的则是由女儿在未出嫁前私下绣出来的。这些背带无论是蜡染还是织锦,无论是刺绣还是拼花,都鲜艳夺目,各呈其彩。

南方和西南为农业区,那里盛产棉花。有的母亲在当姑娘的时候就专门分得一块"私房地"。据《黔书》记载,一个姑娘出嫁时的私房布"褶积多者二十余幅"。织得一手好布是她们出嫁时的荣耀,也是育婴时的骄傲。布依族擅长织的布叫"布依布",其品种数不胜数。现在镇宁一带的

背带　邢莉摄

福寿全门笺　广东佛山

背带　山曼摄

过关　陕西省　据说给孩子过了这一关，就可以一辈子平安无事

拴娃石栓娃　陕西安塞

妇女能够织出斗纹、斜纹、虾子纹、鱼骨纹、米颗纹、桂花纹、梅花纹、格花纹、八角纹、方块纹、平板布和缎子布等十多种。彝族也非常重视婴儿的背带。赠送背带、背布往往是舅家的事情，以表示舅家对外甥的祝愿和尽到护佑之责。滇东北武定、禄劝一带的彝族妇女，喜欢挑选绣有四方八虎图的布料为小孩做背布的面子装饰。其主图案为外四方套内四方，且内四方每处有一树二虎共四树八虎互相对应，并以彝族人民喜爱的马缨花作为衬托。这四方八虎图案象征四方、八方及方方面面都吉祥如意。

中国是传统的农业社会。著名的传说故事《牛郎织女》所呈现的"男耕女织"场景是中国封建社会的基本模式。在社会文明的进程中，中国各民族妇女即担任了"两种生产"的社会角色。背带不只是联系母亲和婴儿的纽带，而且是她们劳动的帮手。她们背着孩子从事各种劳动，甚至种田下地、饲养家畜、纺纱织布。这样做，大大解放了广大劳动妇女。

由于民族和地域不同，背带的样式也不相同。有的较宽较长，有的较窄较小。一般都有两根带子，多在母亲的胸前呈十字交叉。过去的背带都是妇女亲手纺织的家织布，因此，那时的背带多姿多彩，美不胜收。作者在贵州肇兴侗族乡看到，母亲把儿童用完的背带珍藏起来，不肯轻易示人，更不肯出卖。她们认为，这里包含着孩子的福气和灵魂。背带上面的龙、虎、鸟、鸡、牡丹、香草等图纹，蕴含着母亲对孩子深深的祝福。

过百日

小孩生下一百天后要请客祝福。百日又称"百禄"，即百日的福禄。

孩子百日时，外婆家为小外孙准备的贺礼，里面有大小面花、百日被面衣服、帽子等　陕西省　杨先让摄

百日象征多福多寿。过去婴儿初生100天内死亡率相当高，过了百天，就预示过了一个关卡，能顺利度过百日，父母就要为孩子祝福。百日当天，主家解除禁绳，宴请亲朋好友，贺客为婴儿祝福，并给婴儿赠送礼物。在婴儿的成长过程中，人们视百日为一个阶段，也是一个新的起点。陕西榆林地区为了保证孩子健康成长，把尺寸很小的小石狮子系在初生百日孩子的腰间，以保证孩子健康成长。故每家必备，其中很多是世代相传的传家宝。狮子出于民间艺人之手，他们是凭着"十斤狮子九斤头，一双眼睛一张口"的口诀制作的。这些极其相似而又风格迥异的狮子不仅表现了民间艺人丰富的想象，同时又表现了父母期盼孩子健康成长的愿望。

抓周

孩子周岁这天，父母要摆出文具、玩具等由幼童选择，通过选择来测定其智力和人生志向。人们把这一活动叫"抓周"。抓周起于何时，现在已无从考证，但是最迟在北宋时期，已经风靡全国。抓周首先在汉

抓周　朝鲜族　邢莉摄

抓周礼　《点石斋画报》

族中兴起，最后流传到其他民族。

著名小说《红楼梦》第二回叫"宝玉抓周"。宝玉抓周之事是借冷子兴的话表述的。当被"钟鸣鼎食之家"所宠爱的正统的封建阶级的接班人贾宝玉过周岁的时候，冷子兴说："政老爷便要试他将来的志向，便将那世上所有之物摆了无数，与他抓取。谁知他一概不取，伸手只把那些脂粉、钗环拿来玩弄。那政老爷便不喜欢，说他将来是个酒色之徒耳。"有意思的是，抓周还真的灵验了。过生日时不抓文房四宝的贾宝玉果真长大后喜欢在女孩子圈里转，大大违背了封建家长的愿望。

抓周　《中国迷信与符号》

明代沈万三《聚宝盆》传奇中记载："大公子右手擎剑，左手持一金冠戏看，二公子持书嘻笑，手弄乌纱，后来必定是文武状元。"一岁的孩子在抓周时手持何物，就被视为将来从事某种职业的征兆。

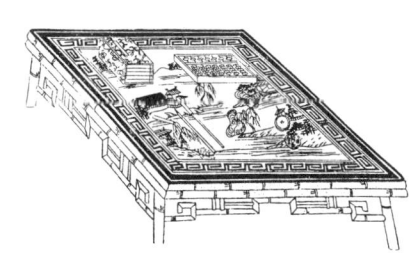

抓周　《清俗纪闻》

平民百姓家亦有抓周的习俗。这种习俗曾流行于全国各地，是预测幼儿的性情、志趣和未来前途的一种民间仪式。由于民族、地域不同，所摆的物品也不相同。例如稻作文化圈的朝鲜族所摆的是弓箭、书、笔、糕点、钱、剪刀、红豆粥，等等。红豆粥有辟邪作用。《中华风俗志》记载北京小孩抓周时摆放着士、农、工、商等各种各样的社会角色所用的器具，除笔、墨、砚外，还把算盘、尺、印等放在一起，让小孩随意选择。

性别不同，所摆之物也有区别。《颜氏家训》卷二载："江南风俗，

拿周　《中国风俗图象解说》

孩子过周岁的时候，娘家人送来的绣片、围涎、子孙帐等礼品　黄永松摄

儿生一期为制新衣，盥浴装饰，男则用弓矢纸笔，女则刀尺针缕，并加饮食之物，及珍宝服玩，置之儿前，观其发意所取，以验贪廉愚智，名之为'试儿'，亲表聚集，致宴享焉。"在中国人的传统观念里，男儿崇武尚文，所以大多摆的是弓箭、书笔等，女孩喜工女红，所以摆的是针线、刀尺等。

抓周旨在测试儿童的未来。不仅不同民族、不同区域抓周内容有所不同，即使在每个家庭也由于家庭条件、父母的性情和喜好不同而有异。侗族把小孩置于一竹筛上，由父母端着，围着炭火绕三圈，一边绕一边说："坐筛过火，心眼满多。"在这里，父母把坐筛过火当作一种困难和危险，不仅期冀小孩更加聪慧，而且还包含着人生考验的意义。

抓周在有的地区还有祖先认同的意义。海南黎族有文身的习俗。生子周岁，即文其身，否则传说祖宗就不会认这个子孙的。台湾高山族在小儿周岁时，外婆家要给小孩送全套的服装和装饰品等礼物。先把这些礼物放在祖先的牌位前，让祖先享用，然后抱幼儿在祖先牌前抓周。他们所摆的物品除有社会角色象征意义外，还放置香蕉等物品，寓意是让母亲再能生一个小弟弟，这也具备了祈求生育的意味。如果摆放芋头代表兴旺，摆放桔子则代表吉祥，等等。

傣族文身小孩　刘军摄

图说中国诞生礼仪

第三节　多个民族的摇篮礼

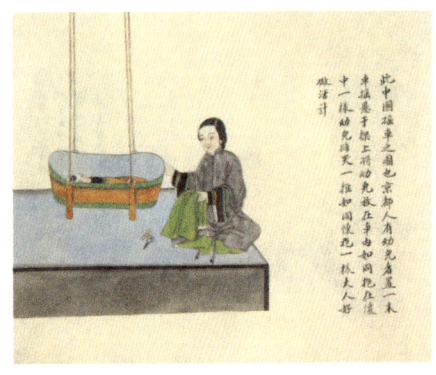

摇车图　《北京民间风俗百图》

茫茫的草原抚育了我国的游牧民族，传统的游牧经济的特点是"逐水草而居"，为了养活牲畜、保护牧场，他们每年要进行三四次甚至更多次的迁徙。我国放牧牛羊的蒙古族、哈萨克族、柯尔克孜族，半狩猎半驯鹿的鄂温克族、过去以狩猎为生的鄂伦春族，以及半农半牧的满族、达斡尔族，还有受游牧民族影响的东北汉族都使用过摇篮育儿。

做摇篮的木材，要选用独树，达斡尔族还要选择树干弯向太阳升起的地方的树。做摇篮时，一般先做周帮，将周帮木板用火烤后弯曲成"U"形后，再把它放在曲形模具上。这种"U"形的木板边沿上排列有小孔，

鄂温克族摇篮　邢莉摄

达斡尔族摇篮　邢莉摄

先把薄木板围放在它的外沿，再用皮条穿小孔把薄木板固定下来，这样，摇篮的周帮就做成了。摇篮的周帮分头部和肢体部分。肢体部分沿周帮下沿上底板。摇篮的栏板上有孔，上面拴着皮绳，是用来捆绑婴儿的。摇篮周帮两端各钻两个孔，系上短皮带套，这就是摇篮的拉带，另一鹿颈皮带套挂在室内的房梁上，用手拉动拉带，摇篮就像一叶小舟一般荡漾起来。摇篮周帮要缝制鹿皮，有的还有布衬，人们喜欢在上面绘制云卷纹、蔓草纹、花卉纹等吉祥图案。有的摇篮周帮上是母亲亲手绣的图案，以表示母亲的殷切之情。

摇篮的使用方法多种多样。可以挂在游牧民族居住的蒙古包、斜仁柱里或者房梁上，也可以挂在树上或者放在院落里。游牧民族在迁徙时，母亲将婴儿装在背上的摇篮里，需要哺乳喂奶时将摇篮转到胸前。

由于民族和地域不同，摇篮也不尽相同。居于新疆的维吾尔族和哈萨克族也使用摇篮。他们使用的摇篮与东北民族的不同，这种摇篮实际上是小摇床。他们将婴儿放入摇篮的时间也不同，有的是在生育后七天放入摇篮，有的是在第九天，也有的是在满月举行典礼时放入摇篮。每个民族都有优美动听的摇篮曲。摇篮曲是哄孩子入睡的。有的地区根据孩子的性别唱不同的摇篮曲。

摇篮　萨玮玲摄

摇篮　邢莉摄

摇篮　邢莉摄

母亲和孩子　邢莉摄

母亲和孩子　邢莉摄

母亲和孩子　邢莉摄

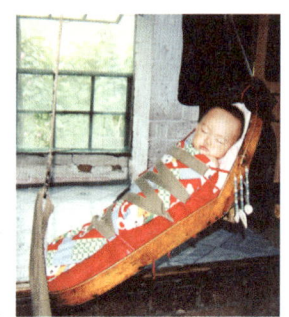
躺在摇篮里的孩子　邢莉摄

满族生男孩后，要唱与弓箭有关的《摇篮曲》："悠悠喳，巴不喳，小阿哥，睡觉罢。你阿玛出兵发马啦，骑着大红马，挎上大腰刀，拉弓射箭武艺高。大花翎子啊，亮红顶子啊，挣下地功劳是你的啊。"由此可见，这里的父母从小就对孩子实行尚武教育。

维吾尔族的婴儿长到40天之后，要举行隆重而热烈的摇床礼。从此，婴儿就要离开母亲的怀抱，与摇床为伴了。按照维吾尔族的传统习俗，妇女生产后要回娘家，待举行完摇床礼之后，才能回到夫家。

哈萨克的孩子有骑马礼。世代过着游牧生活的哈萨克牧人认为"歌是翅膀，马为伴当"。牧人的孩子也是在马鞍上长大的，马鞍是牧人之子的神奇摇篮。等到五六岁时要举行骑马礼。孩子第一次骑马这天，父母要赠给孩童一个漂亮的小马驹和全副武装的马鞍。哈萨克的孩子要穿上漂亮的民族服装，小马驹也要装扮一新，披红挂彩。当父母把孩子扶上马背的时候，他们不仅充满了欣慰，而且充满着期盼。当欢蹦乱跳的孩子骑上自己的骏马在绿茸茸的草原上飞驰，消失在遥远的天际时，草原上充满了欢声笑语。骑在马背上的孩子所到之处，老人们都赠以礼物，以庆贺小牧人的成长。

第六章
生命的抚育

　　作为一个历史久远的生育大国，中国古人早就注意到了婴儿的成长过程。古代医书《千金翼方》就是一个很典型的例子。上面记载，小孩长到两个月就会嘻笑认人；五个月就会翻身；六个月就会坐着；七个月就会爬；十个月就能独自站立；一岁时就会走路了。"若要小儿安，常带三分饥和寒"说的也是育儿的一些经验。但是一个稚弱的生命成长决不是一帆风顺的。在民间信仰里，生命的成长历程中设置有各种关口，只有渡过这些关口，婴儿才能长大成人。中国民间画有各种符，这些符表示人在不同时辰会遇到不同的关卡，例如铁蛇关、白虎关、天狗关等。民间信仰认为，只要把这些符贴在婴儿居住的房间，就可以消除这些灾难。

　　为了祈求孩子平安富贵，也为了防范各种意外伤害的发生，中国人，特别是中国世世代代的母亲们积累了丰富的育儿经验。

第一节　丰富多彩的服饰

婴儿的服饰琳琅满目，绚丽多彩。母亲除了给婴儿穿上温暖合体的小衣裤外，还特别重视制作婴儿的帽子，以防止风寒从头部入侵婴儿的肌体。就质地来说，帽子有单帽、夹帽、棉帽之别；就名称来说，有虎头帽、牛头帽、狗头帽、长命富贵帽、吉祥如意帽、富贵万代帽等种类。就样式来说，有的有前沿，有的无前沿；有的前沿上翻，有的不上翻；有的后沿长，有的后沿短；有的有护耳，有的无护耳。五光十色，丰姿多彩，难以尽叙。

帽子还有性别之分。由于男女角色有别，所戴帽子的样式和所绣的图案也不相同。鲁南地区男孩戴的虎头帽，因出于慈母之手，

独角兽童帽　甘肃省

虎头兽形帽　甘肃省

造型各异的虎头帽　李彩萍提供

所绣的老虎已经改变了锯齿獠牙的本相，而是搭拉着耳朵，表现出一副温顺的憨态。用兽头做的帽子不仅能保护婴儿的头部和脸部免遭风寒之苦，而且还有辟邪的作用。给女童戴的帽子主要绣有牡丹，这是女性的性别符号。有的帽子上的绣品不仅表示了母亲对幼童的呵护，而且还表现了母亲丰富多彩的内心世界。例如，帽子上有童举莲花、麒麟送子等图案就是母亲内心的展示，希望多生贵子。作者在山西搜集到一童帽后边的绣片，

图说中国诞生礼仪

虎头围嘴和虎头帽　李彩萍提供

童帽　邢莉摄　　　　童帽　山曼摄　　　　彩绣虎头帽　山西省

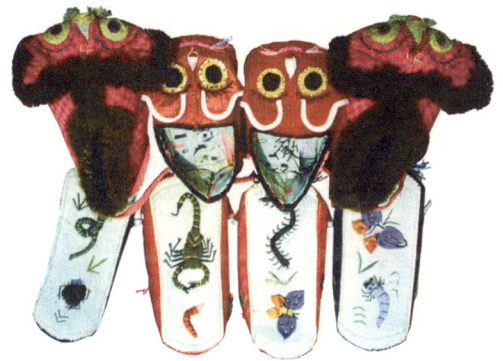

儿童暖手　甘肃省　　　踏五毒虎头童鞋　甘肃省

蛙头童鞋　江苏省　　　老虎踩五毒　甘肃省

第六章　生命的抚育

样式较为繁复，上面为腰鼓形，下面为圆形，中间为椭圆形。绣片的主体部分是朵盛开的牡丹花。有意思的是，圆形的后缀又分成四个小椭圆形，中间形成一个菱形，空的地方填充一块木板，木板上刻了一个绿色的青蛙，也是祈子的象征。布依族生下男孩戴银佛像式花帽，帽沿上缀着九个小银佛像，每个佛像的造型都各不相同。这是一种象征符号，表现了她们期冀子女长命富贵的美好愿望。

地处冀中腹地的束鹿县乡村流行着给孩子穿不重样兽鞋的习俗。据说，孩子穿了重样的兽鞋，就不能长大成人。所以，母亲们为了保佑自己的孩子健康成长，她们开启心灵之窗，制作出五花八门、样子新奇、引人注目的兽鞋。兽鞋的题材丰富多彩，虎、豹、龙、狮、猪、牛、羊、鱼、猫、狗等，应有尽有。在中国民间观念中，猛兽是强悍的，极富生命力的，而每天与人为伴的家畜也容易养活。所以，婴儿呱呱落地，就要穿上这种兽鞋。从孩子慢慢学步开始，更要鞋不离身，一直要穿到三四岁为止。穿上这种兽鞋，就可以祛灾避难，健康、平安地长大成人。

因为孩童爱流口水，民间专有治涎水的偏方。据说用焦栀子20克、糯米5克烘干，研末过筛，调膏，敷肚脐，用胶布固定，就可以医治因脾胃湿热而流涎水的孩子。给儿童佩戴围涎也是保持孩童衣服清洁、卫生的方法。围涎上绣有各种吉祥图案，一般是老虎涎水牌、五福涎水牌，还有的涎水牌上干脆绣一个娃娃，娃娃面带微笑，所有这些都包含着母亲对孩子的殷切期望。

老虎涎水牌　甘肃省

五福涎水牌　甘肃省

福娃涎水牌　甘肃省

艾虎涎水牌　甘肃省

麒麟送子肚兜　甘肃省

五子夺魁抱肚荷包　山西省

鱼莲童子肚兜　甘肃省

瓜瓞杂宝肚兜　山西省

苗族儿童背带

三娘教子背心　甘肃省

孩童的肚脐是需要护理的。如果护理不当，肚脐就会出现红肿热疼等症状，名为脐疮。中医有各种各样治疗脐疮的方法。例如用黄连、龙骨、胡粉掺合起来研成末，贴在肚脐上。

为精心护理孩童的肚脐，各地都有给孩童戴肚兜的习俗。裹肚儿用带子系在脖颈和腰间，颇像一只青蛙伸展四肢抱住人体，也像一个小孙孙抱住爷爷的脖颈和腰身。裹肚一般为夹层，中间开口呈兜状，以彩线绣上各式图案，或似线描，或似剪纸，取民间喜好的花草鸟虫、猫狗狮虎以及理想中的动植物为题材，寓意吉祥富贵、幸福强健等。上面绣有麒麟送子、瓜瓞杂宝、鱼莲童、娃娃戏龙、五子夺魁、三娘教子等图案，其含义不言而喻，都寄托着父母望子成龙的希望。夹的或者棉的背心、充满乡土气息的胸兜，不仅实用保健，而且它们上面绣的各种图案也具有吉祥的象征意义。甘肃有一幅清代的布贴娃娃被褥，上面绣的娃娃身穿肚兜，脖颈上套金线锁，示意娃娃的"魂"被拴住了，这样他再也不用受病苦灾难的困扰了。苗族妇女在制作儿童的服装鞋帽时，把自己的图腾符号蝴蝶、鱼、鸟等绣在上面，借此来祈求孩子平安。

布贴娃娃被褥　甘肃省

苗族胸兜图案

中国母亲亲手制作的鞋帽衣袜等都是一件件精美的艺术品。那一针一线、密密匝匝的小帽小鞋是母爱的结晶。苗族少女在出嫁前有忙绣的习俗，她们在夜深人静时背着父兄偷偷刺绣，待到生第一个孩子时，娘家人把所绣的小花帽、虎头鞋、花背带等拿到婆家的主妇前任其品评。

由于传统的生态环境和人文环境，广大的劳动妇女只有生儿育女才能在家庭中获得地位，加之她们的婚姻又往往缺乏夫妻之间的情爱，所以，中国母亲对婴儿衣帽的制作几乎倾注了她们所有的情与爱。刺绣艺术在中国被称作"母亲的艺术"，其中童帽、童鞋是其中最重要的一部分。它们充满着母亲的情怀与幻想，充满着母亲对孩子的殷切期望。

第二节　儿童与端午节

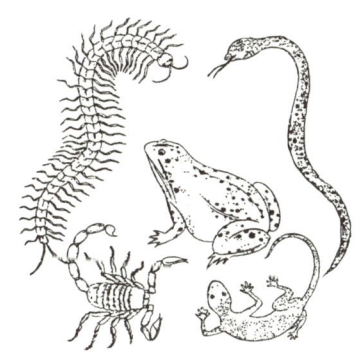

五毒　《三才图绘》

驱五毒背夹　甘肃省

西北的娃娃们几乎都戴过绣有五毒的兜肚和围涎，穿过绣有五毒的花鞋。五毒图案的兜肚是端午节时慈祥的外婆送给她疼爱的外孙的重要礼物之一。我曾经问过一位陕北妇女为什么一定要给娃娃穿这个，她直截了当地回答："不穿这，娃娃的日子不好过！"

民间信仰认为五月为毒月，初五是毒日，所以有"避五毒"之说。所谓"五毒"，即蛇、蜈蚣、蝎子、蜥蜴、癞蛤蟆。此月多灾多难，生的孩子不仅会夭折，而且还会伤害到父母。《风俗通》佚文记载："俗说五月生子，男害父，女害母。"五月还被称为死亡之月。古代文献《异苑》里记载了这样一个故事：五月晒席的时候，一个小孩忽然不见了，后来才发现他死在席下。于是人们以此为禁忌，采取各种方法预防，包括服药和巫术等手段来避五毒之害。因而在这个节日里对儿童必须格外地呵护，

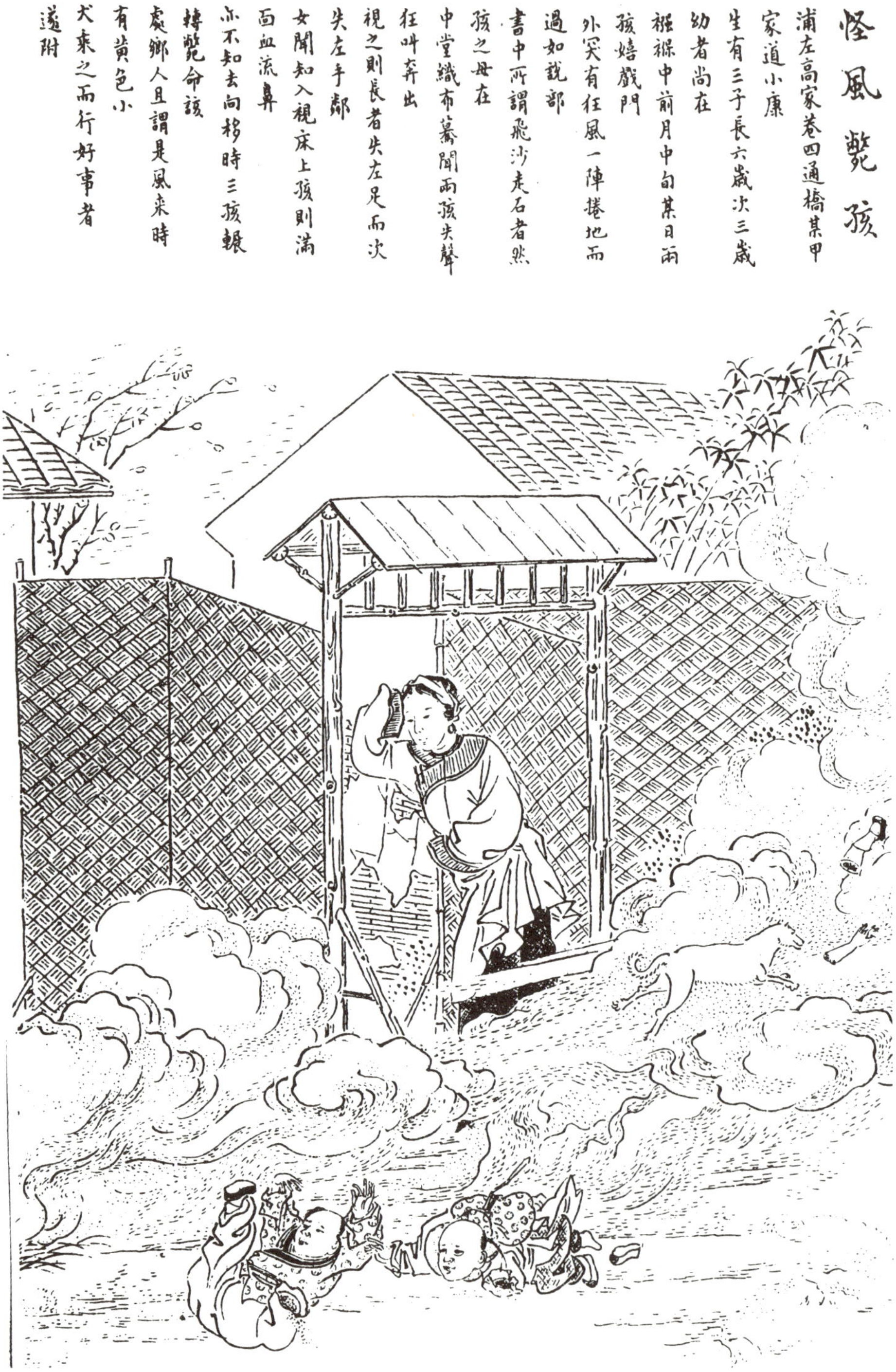

怪風毙孩

浦左高家巷四通橋某甲家道小康生有三子長六歲次三歲幼者尚在襁褓中前月中旬某日兩孩嬉戲門外突有狂風一陣捲地而過如裁部書中所謂飛沙走石者然孩之母在中堂織布驀聞兩孩失聲往叫奔出視之則長者失左足而次女聞知入視床上孩則滿面血流鼻小不知去向移時三孩輾轉斃命該處鄉人且謂是風來時有黃色小犬束之而行好事者遂附

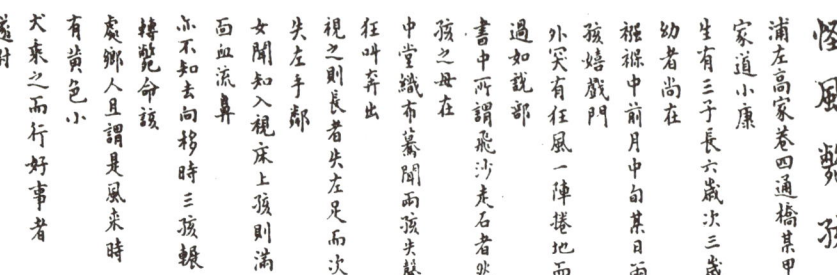

怪风毙孩 《点石斋画报》

蛙　五毒　花鸟　库淑兰绘

青蛙吞毒虫肚兜　甘肃省

五毒拼花背心　甘肃省

绣五毒的布龟耳枕　陕西省

第六章　生命的抚育

以免其受到伤害。在民间还有"躲午"的习俗，即未满周岁的儿童要到外婆家躲藏，这样才可以避免五毒的伤害。

五月端午是个特殊的日子，如何度过这个特殊的日子呢？为了对付五毒，在端午节必赐扇，小孩要佩带五毒索，穿五毒图案的肚兜，穿绣有五毒图案的鞋，手持画有五毒的扇子，贴端午符，沐浴兰汤等。天津已婚妇女要带领小孩到河边"躲午"，并把身上佩戴的辟邪物，如布人、布狗等物丢入水中，取小布人代替受灾，俗称"狗咬灾星"。

五毒本是五种毒虫，为什么穿在身上就能避害呢？中国民间有以毒攻毒的说法，既然五月为"毒月"，那么就用这五种毒物来反攻这个节气，这样就可以躲避灾害了。五毒在北京等地的民俗中被看作是灾病的化身。有幅"倒灾图"，上面画着一只葫芦，葫芦口是倒置的，里面倒出了蛇、蝎、蜈蚣等五毒，把五毒倒出来，意思就是逼其毙命。在每条毒虫的头上，人们还要钉一只针，意思是将五毒赶尽杀绝，这样就可以禁止它们伤害幼童了。

在端午节里，为了避免孩子受到伤害，妇女们除了给孩子穿绘有五毒图案的肚兜、辟邪鞋外，在江浙一带妇女们还用五颜六色的五彩丝线盘成老虎、蜘蛛、蜈蚣、蝎子等拴在小孩的手臂上，称之为"五毒索儿"。当地人认为娃娃带上五毒索就可以辟邪了。人们还制作小绣球，里面装上雄黄等防五毒的药，把玲珑精巧的小球系在小孩衣服上，据说也可以消灾避难。有的地区取一颗不分瓣的蒜头置放在一个结线的网内，佩带在小孩身上，有的地方还佩挂一个小虎头。

布制黑虎　山西省

侗族童帽　邢莉摄

艾虎　山东省

葫芦镇五毒　剪纸

艾虎蒲剑葫芦　山东省

泥塑大阿福　江苏省

出门辟邪　邢莉摄

第六章　生命的抚育

平安福贵　杨柳青年画

连生贵子腰圆荷包　山西省

因为雄黄具有防毒的作用，人们常把雄黄酒抹在小孩耳鼻口周围，以防止病毒入侵。在闽越一带，人们还用笔蘸着雄黄酒在小孩的前额上写"王"字。为什么要写"王"字呢？因为老虎是动物之王，所有的动物见了威风凛凛的老虎都要躲避，所以，有勇猛的老虎保护小孩，小孩就不受五毒之扰了。有的在给娃娃挂上虎头的同时，还杂缀上一些大蒜、八卦符、小辣椒、小粽子等，把它们系在儿童的背心上。在民间信仰里，这些都是辟邪之物。居于云南边陲的纳西族过端午节时，长辈要在15岁以下孩子的手腕上绕上五种颜色的棉线，当地把这些红绿蓝白黑相杂的线叫"续命线"，目的也是为了使孩子避过五毒的入侵。

其实给小儿辟邪的习俗并不固定在五月端午节这一天，护佑小生命的任务从小儿在娘胎里就开始了。山东荣成新生儿出门必携带辟邪、求吉的面食，其中有虎头、桃与葫芦，同时还须携带一桃枝，枝上拴着红布，布上拴着铜钱，也是为了辟邪。

第三节　护身符

火关　彝族纸马

婴儿从呱呱坠地开始，以其第一声啼哭宣布了他在这个世界的存在。然而这种存在是孱弱的，在成长的过程中，要受到各种自然灾害和人为灾害的侵袭。过去由于自然条件的恶劣和科学知识的缺乏，要把一个婴儿抚养成人是一件极为困难的事情。面对大千世界的灾难以及环境寒热冷暖的变化，为了让孩子能够健康顺利地成长，因此也就形成了一系列保婴育婴的习俗。

夜哭关　彝族纸马

落井关　彝族纸马

长命锁与百家衣

中国著名的小说《红楼梦》演出了一出爱情的悲喜剧。少年公子贾宝玉佩带了一块通灵宝玉，贵族小姐薛宝钗佩带了一枚金锁，通灵宝玉和金锁都是他们的护身符。难怪贾宝玉的通灵宝玉一旦丢失，他就失魂落魄，最后仅存一缕生气，钟鸣鼎食之家的贾府也被折腾得沸反盈天。鲁迅先生笔下的农民子弟润土也佩带着一副银项圈。由此可见，旧时无论是穷人家还是有钱人家都有给孩子佩带护身符的习俗。中国地域辽阔，民族众多，孩子的护身符的种类也多种多样，美不胜收。就质地来讲，一般以金、银、铜、铁、锡等金属制品为主，因为民间认为它们都有禳灾辟邪的作用。

此外，也有用自然物作为护身符的，例如过去清明节时人们有插柳、戴柳的习俗。插柳这个习俗究竟从何而来呢？据说，插柳的风俗是为了纪念"教民稼穑"的农事祖师神农氏。黄巢起义时规定，以"清明为期，戴柳为号"。清明插柳、戴柳还有其他说法：原来中国人以清明、七月十五和十月初一为三大鬼节，鬼节被看成百鬼出没讨索之时。鬼怕柳木，人们为防止鬼的侵扰迫害，于是就插柳、戴柳。北魏贾思勰《齐民要术》记载："取柳枝著户上，百鬼不入家。"清明既是鬼节，值此柳条发芽时节，人们自然纷纷插柳、戴柳以辟邪了。

清明也有戴柳的习俗，有的人把柳枝编成圆环戴在头上，也有的把嫩柳枝编结成花朵插在发髻上，明朝田汝成《西湖游览志余》写道："（清明）家家插柳满檐，青茜可爱，男女或戴之。"今人《芜湖古今》云："（清明节）清晨，街市叫卖杨柳，家家折一枝绿柳蘸上清水，插上门楣，妇女则结杨柳球，戴在鬓边。"

由此可以看出，插柳、戴柳是清明节的重要习俗，是清明节的文化符号。"清明不戴柳，红颜成皓首"，戴不戴柳竟成为生死攸关的大事。它的起源有三种传说：一说唐太宗给诸臣柳圈以示赐福驱疫，二是古代皇帝赐杨柳之火，伴之而来的柳枝也身价大增，成为插柳的来源；三则认为柳枝有灵性，可以辟邪，故成为人们喜闻乐见的装饰物。此外还有一种说法，认为房檐上插柳，是一种住宅标志，以示醒目，可导引祖先的亡魂归来。

这些风俗在民间广为流传。柳枝在春初象征绿色和生命，清明节插柳、戴柳，正是象征蒸蒸日上，长命百岁，它与清明到郊外踏青追求健康是一致的。

《梦溪笔谈》记载，把干蟹悬在门口也有辟邪的作用。东北的鄂伦春族常佩带野兽爪牙以求得平安。在南方常看到门口用红色棕绳悬挂着一只毛笔，据说这样做有给小儿辟邪的作用。

最常见的是给小孩脖子上戴宝锁。佩带宝锁的习俗流传至今，但是传统的宝锁叫百家锁，是婴儿的家人挨家挨户，每家乞讨一文钱，然后把这些钱化掉铸成的一把锁，最后戴在小孩的脖子上。也有人家图方便，把自己的钱与和尚化来的钱或者乞丐乞讨来的钱相换，目的也是取百家之意。意思是借百家的福寿来保全孩子的寿命。比较讲究的护身符和长命锁是用银子制作的，没钱的人家用一条线穿上一枚铜钱，也叫"长命锁"。

长命锁　　　　　　　　圆锁礼

儿童护符　藏族　　　　百家保银锁

藏族儿童护身符

符

百家衣 《中国民俗百图》

少数民族也有佩戴护身符的习俗，尤其是藏族，其护身符的种类非常多。在陕西渭南，为了祈求神灵的保佑，认定哪个孩子是那个神娘娘撒下的，就购一把银锁，用银项圈套在脖子上，也有用红色的绳子代替锁头的，直戴到13岁时取下。

过去有给婴儿穿百家衣的习俗。所谓百家衣，就是用向邻居要来的大小不齐、五颜六色的花布缝制而成的衣服或者被子，这样小孩穿上或者盖上就好养活了。百家衣，并不是真正要来一百家的布，在中国人的民俗观念里，"百"表示多之意，含有吉祥的意义。不过还真的有向一百户人家各讨来一块布，经过千针万缕，缝制成的百家衣。

压岁钱

春节是中国人的传统节日。过春节时，每个孩子都能收到若干红包，里面装的就是爷爷、奶奶、父母及其他长辈给的压岁钱。清富察敦崇《燕京岁时记》载："以彩绳穿钱，编作龙形，谓之压岁钱。尊长之赐小儿者，亦谓压岁钱。"钱数多少不一。孩子们当然欢天喜地的接受这份来自长辈的祝福。《成都年景竹枝词》说：

小儿行礼说辞岁，长辈分他压岁钱。
一见簇新原辫子，磕头领去喜连天。

给压岁钱意味着什么？喜庆？祝福？贴补孩子的生活？当然有这些内容包含在里面，但是又不完全确切。压岁钱很讲究，须用红纸包住，这又是为什么呢？

相传古时，有一个黑手白脸的小妖叫"祟"，每年三十晚上都要出来祸害小孩，聪明伶俐的小孩就会被他弄得病傻痴呆。有一对老年夫妇晚年得子，他们怕祟来祸害孩子，便在年三十晚上明烛高照，并用红纸包了八枚铜钱放在孩子枕边，当祟在深更半夜祸害孩子时，孩子的枕边突然进裂出一道闪光，这样便把祟驱赶走了。这件事从此广为流传，本来的"压祟"钱，后来几经演变，就变成"压岁钱"了。

压岁钱的习俗究竟起源于何时？过去的压岁钱和今天的有什么不同？现在的压岁钱是通用货币，可过去给孩子的压岁钱需要由专门机构铸造。《博占图》记载："压胜钱有五，一体之间，龙马开着，形长而方。李孝美号之曰：'压岁钱'。"汉代的压岁钱上有各种各样的图案，例如龙凤

长命锁和压岁钱　《中华风俗百图》

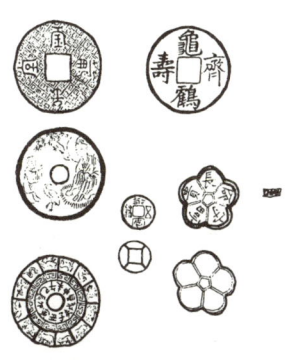

压岁钱　《中国吉祥图案》

图案、双鱼图案、龟蛇图案、太极图、星斗，等等。正面还有各种各样的吉祥语，诸如"长命百岁""万事吉祥""万事如意""财源茂盛"，等等。

小孩接受压岁钱之后，有两种处理方法：一种是压在床下；另一种是佩带的。人们把一串铜钱穿起来，挂在孩子脖子上。两种方法都能起到辟邪的作用。广大农村没钱的人家就用芝麻壳代替铜钱，取"芝麻开花节节高"之意。穿铜钱等物时一定要用红色绳子，跟现在用红纸包压岁钱的用意是一样的。因为在中国传统的民俗观念里，红色表示禁忌，也代表吉祥，有红色在孩子身边，鬼怪就不敢再作怪了。

认干亲

每个人的生身父母只有一个，可过去的孩子大多同时有两对父母，这就要说到带领孩子认干亲的习俗了。中国认干亲的习俗较为普遍，且各个地域不尽相同。但是一般都是双方先谈妥，然后由孩子的父亲备好礼物到干亲家去。干亲家接受孩子的礼拜后，送给孩子一双碗筷及长命锁等礼物。一般情况下，干父母要为小孩子命名。有趣的是，有的地区认贫穷的乞丐为干爹干妈。《新繁县志·礼俗志》载，有的孩子认干亲，先准备好酒肴在道路旁伺候，求过路者给孩子起名。孩子和干亲只有一次交往，目的只是祈求他们给孩子取一个名字而已。乞丐往往以"贱头贱脑"四字做答。人所求者，不是贵人，而是乞丐。这又是为什么呢？因为乞丐走街串

蕃僧　《中华风俗百图》

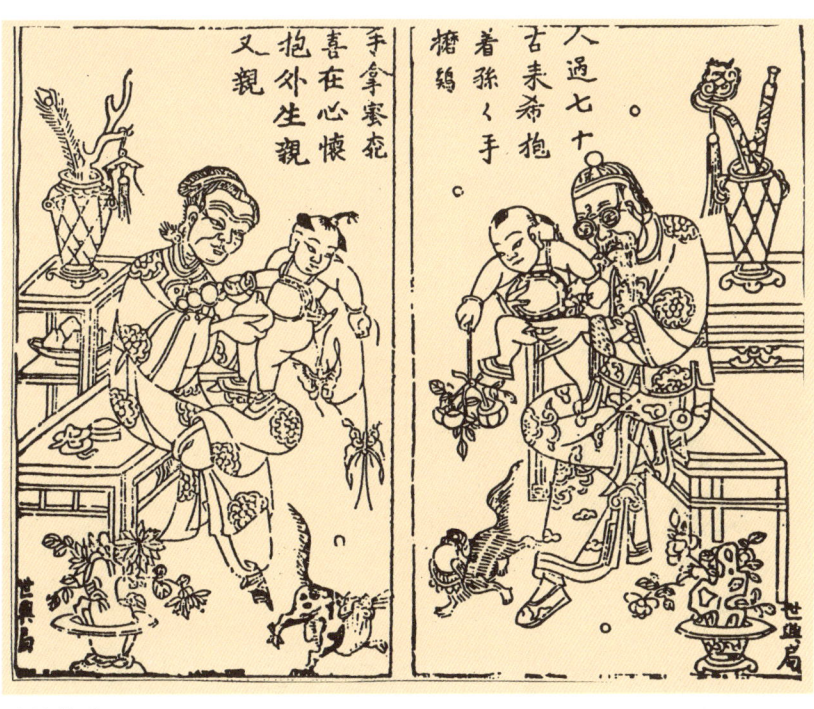

公婆抱孙

户,挨家乞讨,吃百家饭,穿百家衣,生命力非常顽强,孩子的父母期望孩子能借乞丐起的名字来保佑其长命百岁,给孩子增加福份。更有意思的是,还有的地方不是拜人为干爹干妈,而是拜大树,拜江河,拜石头,甚至拜鸡、犬等家畜为干爹干妈。石方洛的《且瓯歌》曰:"吾家生有人中龙,只恐造物忌人聪,愿把儿名附骥踪,儿父应呼岩亲翁。"山东一带就有拜石头为干亲的,给孩子取的名字也大都是贱名,不仅有铁蛋、土豆,甚至取阿猫、阿狗的也不少。

也有的为了能让孩子健康成长,把孩子寄托在寺庙里,称为"畜僧"。

为什么会产生这样的习俗呢?诗中说得很明白——"只恐造物忌人聪"。在风风雨雨的自然界里,人是很渺小的动物之一。为了孱弱的生命能够平安健康地成长,才有了认干亲和"畜僧"等习俗,有的孩子体弱多病,也有的孩子聪明异常,父母对这样的孩子有更多的担心,为了让他们健康成长,一定要寻觅干亲共同来护佑孩子;还有的是两个妇女或两家非常要好,她们让孩子互认干亲,以这种方式来增进双方的友谊。

总之,认干亲不是求富贵,求势力,找靠山,寻依赖,而是求普通,求平凡,求低贱,为的是让孩子健康、平安地长大成人。

小儿称体重 《点石斋画报》

预防疾病

中国人极为重视婴儿的抚育，期冀婴儿健康长寿。《王氏外台秘要》中说，小孩长寿与否在三岁到十岁之间就可以观察出来。此书还提出通过观察小孩的骨相就可以知道他是否能够长寿，因为小孩如果过于聪慧就有可能过早夭折，所以，家长想尽办法，以防自己的孩子出现任何意外。

过去，在幼儿成长的过程中，疾病之一是天花。天花又叫"痘"，会给儿童的身心带来很大的危害，轻则孩子大病一场，病好后脸上会留下疤痕；重则甚至会致使孩子夭折。如此严重的天花是如何引起的呢？现代医学研究认为，天花是由天花病毒引起的，容易造成不同程度的感染，其死亡率很高。发病时2~3天会发疹，接着有高烧、疲劳、头痛与背痛等症状出现。最初症状为口腔与咽喉溃疡，唾液中有大量的病毒。主要症

阎王关　彝族纸马

三六九岁关　彝族纸马

状是脸、手臂与腿上会出现浓密的疹子，这些疹子圆、紧绷并深深地包埋在皮肤里，且在一两天内产生，而后遍布全身。如果得不到及时治疗，就会死亡。由于古代医学不太发达，孩子如果出了天花，是非常危险的事情。《金瓶梅》第五十八回潘金莲咒骂李瓶儿的儿子官哥说："也不曾经过三个夏至，又不曾长成十五六岁，出痘过关，上学堂读书，还是个水泡，与阎罗王合养在这里。"现在看来，此话一点不假。因而民间有"躲天花"之说。幼年的康熙也曾因惧怕天花的传染而被送到宫外避痘。旧时安徽南部在小儿初生的年底，点燃外婆家送来的纸花灯，于除夕夜由母亲抱着孩子举灯躲入厕所，口里念着："一颗麻，一颗豆（痘），种种无人知。"他们认为这样就可以预防小儿出天花。

痘儿哥哥　《中国民神》

麻公麻婆　《中国民间神像》

痘神

民间认为幼童出痘是由痘神控制的。那么，痘神是谁呢？历来说法不一。《三教源流搜神大全》卷五记载痘神是张帅；《封神演义》九十九回又说"封余化龙为主痘碧霞元君，率领五方痘神"；《铸鼎余闻》卷三引《湖北黄岗县志》记载痘神是明代的柳夫人；北方娘娘庙中九位娘娘之中有癍疹圣母保幼和慈元君、疹圣母毓隐形元君的形象；《封神演义》上说痘神是商纣时余化龙和他的五个儿子达、兆、光、先、德。余化龙是商纣王时

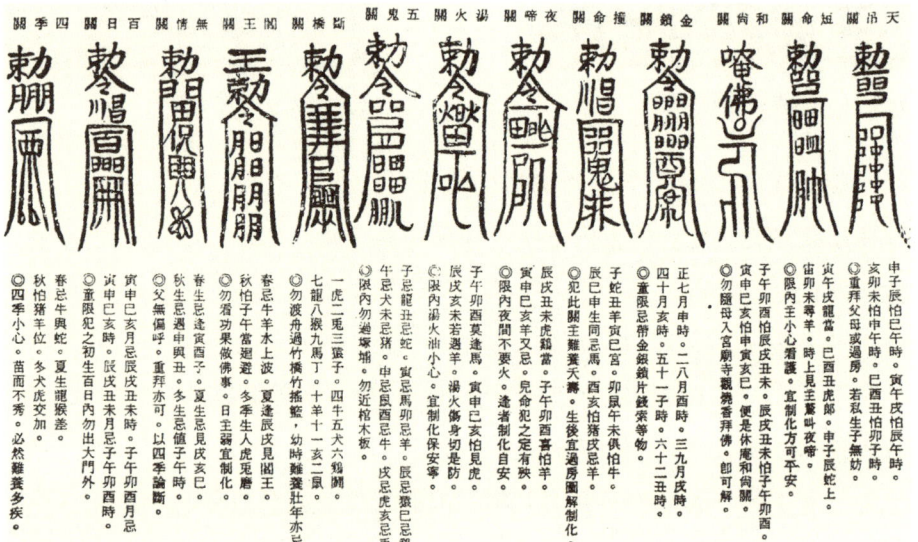

小儿关煞图　《中国生育礼俗考》

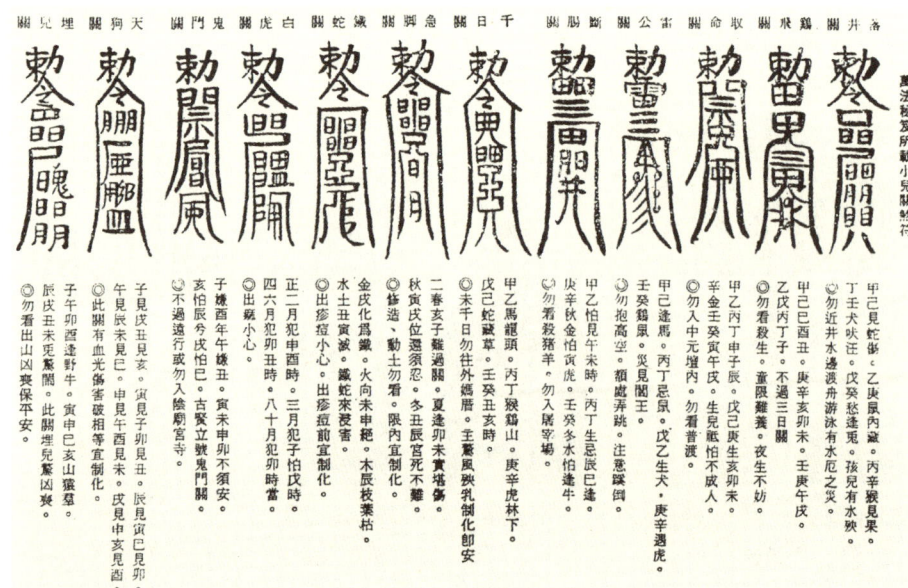

小儿关煞图　《中国生育礼俗考》

断桥关　彝族纸马

短命关　彝族纸马

天狗关　彝族纸马

铁蛇关　彝族纸马

镇守潼关的主将，武王伐纣，姜子牙率兵攻打潼关，余化龙率五子迎战，受伤大败。据说余化龙精通妖术，夜晚来临的时候，把五斗毒痘撒向姜子牙兵营。后来，虽然他们的痘治疗好了，但是脸上都留下了疤痕。后来，封余化龙为主痘元君，其子达被封为东方主痘正神，兆被封为西方主痘正神，光被封为南方主痘止神，先被封为北方主痘正神，德被封为中央主痘正神。不仅痘神的身份不一，而且对于痘神的功能也有不同的说法：有的认为痘神是善神，也有的认为痘神是瘟神。

观音菩萨　潍坊年画

送子观音　桃花坞年画

　　传说观音具有控制痘神的力量。民间传说观音可以化装成一身着白衣的老婆婆亲临病室，手拿一把小扫帚把幼儿出的痘全部扫掉，这样幼儿就没有性命之忧了。如果梦见出痘时"群鹊狂噪"，那么就比较危险，而梦见"喜鹊衔珠"痘就会全部消失。与其说是观音治病的高妙，不如说是人们想象的丰富。在神化观音的同时，表明了人们对控制疾病的强烈愿望和殷切的爱子之心。

　　人吃五谷杂粮，哪能不生病？由于医学水平的局限，旧时婴儿的死亡率非常高。各种各样的疾病吞噬了成千上万个幼小的生命。面对无辜生命的毁灭，重视亲子之情的父母只好在哀痛和无奈中向神祇求救。在民间信仰中，很多女神都是婴儿的保护神。除了女性外，威武无比、法力无边的张天师也是儿童的保护神。由于民族不同、地域不同，形成的有关保护儿童的神祇也有所不同。

床公　床母　《中国迷信研究》

保家娘娘　张宪昌提供

张天师驱五毒　陕西凤翔年画

第六章　生命的抚育

图说中国诞生礼仪

七娘夫人　《中国美术全集》

保生大帝　《中国美术全集》

保婴巫术

自然界在养育了人的同时，也常常嫁祸于人。暴风骤雨，轰雷闪电，熊熊的烈火，野兽的出没，都会给人类带来意想不到的伤害，更不用说幼小的生命了。民间认为小孩子的成长要经过二十八道关，每一关都是一道灾难，如果度不过关，孩子就有夭折的危险。为了避免这些伤害，在生产水平和医疗水平较为低下的情况下，人们往往通过风俗习惯和封建迷信企图躲避这些灾难。婴儿有其本身的生活规律，在婴儿的大脑发育期间，婴儿有其特殊的心理特征和思维特征，在其没有独立的生活能力的时候，婴儿的衣食住行、喜怒哀乐都需要家长的特殊关照。但是，孩子得病后，父母又没有办法，只好求助于神灵的保佑了。

原始人类对人的生命不能科学地理解，于是就产生了灵魂观念。这在仰韶文化的瓮棺葬中可以得到证明。仰韶文化的瓮棺葬有两种形式：一种是以瓮与盆组合的成年二次葬，一种是以尖底瓶子构成的童年一次葬。瓮棺顶部多有小孔，据说这样便于灵魂的出入。当小儿受惊、饮食不佳、夜哭不止时，古人常常认为是孩子的魂丢了，从而形成了一系列的招魂巫术。各个民族的招魂方法有其各自的特点，其主要目的都是为了使小孩健康成长。陕甘地区就有各种各样的招魂娃娃、驱鬼娃娃、送病娃娃等剪纸，这些具有巫术意味的剪纸娃娃据说都是护佑婴儿健康的保护神。

抱烟囱叫魂　《中国生育信仰》

送病娃娃　剪纸

辟邪娃娃　剪纸

送病娃娃　剪纸

招魂娃娃　剪纸

巫道娃娃　剪纸

四代同堂 《点石斋画报》

四世同堂

生命的抚育是一个漫长而艰辛的过程。在这一过程中，幼小的生命会遭受到各种各样的打击和磨难。爱子深切的父母们为了让自己的孩子健康地成长，他们通过认干亲、压岁钱、保婴巫术等形式来防止恶魔对子女的伤害，从而达到追求福禄寿喜、四世同堂的美好愿望。

第七章
幼儿的教育

中国人重视生育，也重视教育。尤其重视对幼儿进行家庭启蒙的教育和学馆的教育。在儿童成长过程当中，伴随孩子成长的各种玩具与游戏也对孩子的智力发育和成长有着重要的意义。

第一节　家教有方

中国人历来都很重视家庭教育。当孩子成就大事业、取得大成就的时候，人们都会说那是父母"教子有方"。宋人袁彩著的《袁氏示范》论述了有关幼儿的家庭教育问题。《四库全书》称之为"颜氏家训之亚也"。在家庭教育方面，它们特别强调父母的言行，因为父母是孩子的第一任老师。过去中国传统的家庭为三世同堂，甚至有些是四世同堂，几人在一个居住空间，形成了各种复杂的伦理关系和家教。在这些关系中间，其核心人是父母。父母

冠带传统　桃花坞年画

莲生贵子　恩授兰荪　桃花坞年画

文武状元　北京年画

图说中国诞生礼仪

劳作 《吴友如画宝》　　　　　　　说教 《中国美术全集》

是沟通上一代和下一代的关键，只有父母做到敬老慈幼，才能给儿女做出好的榜样来。中华民族向来具有尊师重教的优良传统——"子不教，父之过"的祖训家喻户晓，甚至有些家庭将其作为安身立命的座右铭。而子女不论贫贱富贵，都要励精图治，勤奋苦读，为国献力，光宗耀祖。

清代朱用纯的《朱子家训》和《弟子规》是传统的教子经典之作。《朱子家训》以"修身""齐家""治国""平天下"为宗旨，集儒家为人处世方法之大成。这本书简明地总结了教子治家、育子成才的成功经验，

状元及第　连中三元　潍坊年画　　　　　　抚育图

第七章 幼儿的教育

光宗耀祖　桃花坞年画

五子夺魁　桃花坞年画

幼孩识字　《点石斋画报》

成为中国传统家训的经典之作，至今还有值得我们借鉴的地方。例如，一粥一饭，当思来之不易；半丝半缕，恒念物力艰难；祖宗虽远，祭祀不可不诚；子孙虽愚，经书不可不读，居身务期简朴，教子要有义方；等等。这些传统的儒家教育经典绵延了几千年，在中国占据了至尊的地位，扎根于老百姓

儒家礼仪　《教子要言》

心中，人们甚至把"忠厚传家久，诗书继世长"等雕刻在门额上，作为日常行为的准则。

人穷志不穷

读经书

第七章 幼儿的教育

《弟子规》初名《训蒙文》，是根据朱熹《童蒙须知》改编而成的。《弟子规》是对青少年的道德规范，尤其对尊敬父母、尊重师长、衣食住行、为人处世等方面提出了具体的要求。对社会健康发展、儿童成长、人才培育等起到了重要的作用。清代重新编撰的《教子图说》又是传代故事的传承。其中有孟母三迁、陶母拒礼、元母持家以及欧阳修之母因家里贫寒用荆条教子习字的故事，等等。这些故事不仅在民间广为流传，而且成为母亲教育子女的良好教材。

五子登科 《东昌府木版年画》

图说中国诞生礼仪

胎教垂型 《教子要言》

三迁择邻 《教子要言》

训子择交 《教子要言》

封鲊教廉 《教子要言》

忠清作训 《教子要言》

礼教持家 《教子要言》

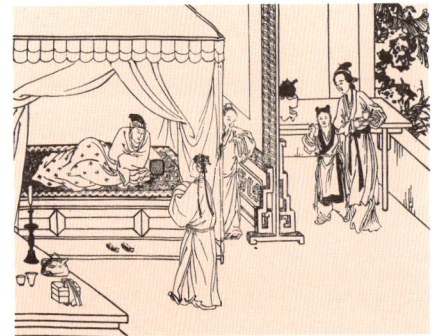

德化诸儿 《教子要言》

画荻教字 《教子要言》

施及孤寒 《教子要言》

戒诏书策 《教子要言》

节孝裕后 《教子要言》

　　《家训》一书是圣人对学生的训示。在这本书里，首先教育学生要重视道德教育："弟子规，圣人训。首孝悌，次谨信。泛爱众，而亲仁，有余力，则学文。"所谓孝悌，就是孝顺，属于儒家传统观念的范畴，对当今社会仍有借鉴意义。对老人尊重有礼，与同辈和谐相处，仍然是我们今天行为规范的内容之一。"朝起早，夜眠迟""即出言，信为先""见人善，即思齐""勿谄富，勿骄贫"等内容，就是教育少年要勤劳、诚信、从善，不要嫌贫谄富，等等。所有这些和我们今天提倡的和谐社会是一脉相承的。

图说中国诞生礼仪

二十四孝图　清　高密年画

这些教育内容最初并不是孩童入学馆之后才讲授的，而是由父母亲以口传身教的形式代代传承的。农村有些家庭把这些简练、生动而又蕴涵丰富的格言用毛笔书写出来，贴在堂屋的厅堂上，作为教子的警示。

民居建筑是家庭生活的重要空间。中国传统民居称门为气口，以人之有口喻门之有口，以此表明门对一个家庭的重要性。中国人庆贺新年时，往往在门框和屋内的厅柱上贴对联，对联的内容年年更替，其中有很多内容是有关教子的。例如：

绵世泽无如积德　　振家声还是读书
传世万世皆宜忍　　教子千万莫若勤
治家以勤俭为本　　立身以孝悌为先

数亩田园也种奇花也种粟
几间茅屋半藏农器半藏书
创业艰难祖宗备尝辛苦
守成不易子孙宜戒奢华

大宅院里的重门联、后门联、亭台联、楼阁联里也有许多教子的内容。

除了对联外，一些家底殷实的还用石雕和木雕教子，其内容一般都以吉祥为主，要求全家团结、勤俭，多镶嵌在左右厢房等地方的墙壁上，时刻警示子孙。

勿骄贫　《教子要言》

让梨　《教子要言》

闺房教子　《中国民间年画史图录》

年画是民间精美的艺术品之一。逢年过节，家家都有贴年画的习俗。而丰富多彩的年画内容是中国传统家庭教育的重要组成部分。《男十忙》和《女十忙》教育孩子要理解父母的辛苦；《勤学图》上画的是古代老中青不同年龄者勤奋好学的故事。万世之师的圣贤孔子，在中国传统文化中享有崇高的地位，理所当然也是年画的重要题材。山东的"彩选格"名为"凤凰棋"，图中画了画笔、金锭、官帽、花草和各种动物，这样的年画有启迪幼儿心智的作用。年画中儿童娱乐的内容更是数不胜数。除此之外，家庭年画的内容还有"九九消寒图"，它是一种认识气候和节气的历法，同

五子登科　山西王家大院

喜报频传　山西王家大院

第七章 幼儿的教育

天马行空　山西王家大院

龙凤呈祥　山西王家大院

教子有方　山西王家大院

孝心可嘉　山西王家大院

圣贤像赞　《中国美术全集》　　读书　《吴有如画宝》

时还是每年农历冬至后，孩子们玩耍绘画的玩具之一。我国古代以二十四节气计时，冬至为二十四节气之一，即在大雪后的第十五天为冬至。该日北半球白天最短，夜间最长，是一年最冷的日子。冬至又称"冬至节""消寒节""属九节"。从冬至起，每九天为一九，九九八十一天后才逢春。

女十忙　《中国美术全集》

孔子像 《中国美术全集》

学棋 桃花坞年画

弹琴 《松筠剪纸人物图册》

其间，室外活动较少，室内活动较多，其中就包括制作消寒图。九九消寒图有多种画法：有的是画一支梅花，"至日数九，画素梅一枝，为瓣八十有一，日染一瓣，瓣尽而九九毕，则春深矣，曰九九消寒之图。旁一联曰：'试看图中梅黑黑，自然门外草青青'"；有的是直接画上八十一个圆圈，"消寒图乃九格八十一圈。自冬至起，日涂一圈，上阴下晴，左风右雨，雪当中"；儿童可以唱九九歌："一九二九，相呼不出手；三九二十七，篱头吹觱篥；四九三十六，夜眠如露宿；五九四十五，家家堆盐虎；六九五十四，口中呬暖气；七九六十三，行人把衣单；八九七十二，猫狗寻阴地；九九八十一，

琴棋书画　杨柳青年画

穷汉受罪毕，才要伸脚睡，蚊虫跳骚处。"这样，儿童可以在描画消寒图的同时，对气候的变化有所了解。

中国家庭非常重视孩子的才艺和才能教育，而琴棋书画构成了中国传统教育的重要内容。古人深刻认识到不能让孩子做只能背诵书本的书呆子，而是让孩子在悠扬清雅的琴声里，在古朴深奥的弈棋过程中，开发智力、培养情操，使孩子的身心得到全面发展。

作为传统的农耕社会，家庭教育从一开始就教育儿童接触劳动，接触社会实践，在社会实践

古筝清韵　桃花坞年画

听音乐　桃花坞年画

中培养孩子的劳动能力和实践精神。放牛、割草是儿童经常参加的劳动。在割草时,孩子一边干活一边自娱自乐,他们用手中的镰刀剁地,边剁边唱:"剁一剁二两三草,蚂蚱不吃蛐子草。蛐子不吃蚂蚱肉,不多不少正十六。十六剁十七,三七二十一。小鹌鹑,来赶集,不多不少正三十。"通过劳动,孩子们认识到了劳动的艰辛和不易。

中国家庭历来重视言传身教。母亲是儿童出生后接触到的第一个人,也是孩子最初的启蒙老师,所以中国教育特别重视母亲的言行对孩子的影

棋戏图　宋代

牧童　《吴友如画宝》

欧孟仪型 《吴友如画宝》

响。虽然幼儿教育丰富多彩，多从儿童兴趣出发，致力于开发智商，注重德、智、体全面发展，但中国传统的教育体制和"唯有读书高"的思想根深蒂固，认为读书作官才是孩子教育、成长的重中之重，所以我们一定要辨别分析，对古代好的东西要继承，错误的东西一定要批判。

骑牛读书 《吴友如画宝》

母慈子贤 清代年画

第二节　玩具与游戏

　　游戏是幼儿教育的主要方法之一，也是孩子活泼好动之天性的体现。传统的游戏使儿童贴近自然，融入自然，充分享受大自然给予的恩惠。同时大自然又是一个丰富多彩的玩具库：树枝、石头、泥沙、虫鸟、贝壳等随时都可被赋予游戏的功能。当儿童把美丽的自然经过驰骋的想象和纯真的幻想编织起来的时候，儿童便已经感受到自然的呼吸、自然的节律、自然的生机勃勃和无穷的奥秘了。这样的游戏不管是大人布置的，还是幼儿自发的，都能在欢娱中给儿童以教育，让儿童从小接触社会。

百子闹春图　南宋

同胞一气图　元代

戏婴图　清代

春景戏婴　元代

玩鸟　《吴友如画宝》

儿童们学习游戏，有以下几点好处：第一，通过丰富多彩的游戏，孩子们可以学习到人类社会的生活原则、规范和知识；第二，游戏能给儿童以社会或集体性的训练，因为绝大部分游戏都是一种集体性活动，能使当事人与其他游戏者发生较多的接触和联系，只有配合默契，使个人融于群体之中，才能完成这些游戏，从而加深孩子们之间的关系，培养他们团结、互助的品德；第三，儿童有着丰富的想象力和创造力，游戏能使儿童的心理得到满足，并能在活动中充分发挥其创造性。

儿童与动物有着特殊的情感，这是为什么呢？因为他要适应由长者的兴趣和习惯组成的社会世界，但是这些适应还不能满足儿童个人情感和智能的需要，而在游戏及与动物的接触中，儿童拥有自己的一个活动领域，在这个领域内，他不是适应现实，而是被现实所同化，通过同化，儿童的心智得以启迪，儿童自身也受到了一定程度上的教育。游戏还可以健康体质，使儿童增长知识，培养团队精神。随心所欲扮演小戏剧，锣鼓齐鸣的任情吹奏，在五花八门的游戏里，儿童的天性能够得到充分地发挥，在寓教于乐的欢乐中，其德智体得到全面发展。

骑大马　《吴友如画宝》

锣鼓合奏　《吴友如画宝》

太平鼓　民俗画

吹笙　剪纸

卖玩具的货郎 《太平欢乐图》

买玩具的孩童

娃鸟石榴桃 剪纸

闹春图 剪纸

捧花瓶 剪纸

第七章 幼儿的教育

百子游戏图　杨柳青年画

室外游戏

儿童游戏的场地大多是在室外厅院。河畔山脚、树木花影为儿童提供了一个有益于身心健康的成长环境。无论是在室内还是在室外，儿童游戏娱乐具有模拟性。一般是模仿成人或模仿动物，通过模仿，显示了儿童的率真。在儿童游戏中，有相当一部分是竞技性的游戏，例如跳房子、

翻跟头　《吴友如画宝》

掷铜钱　《吴友如画宝》

拿大顶　《吴友如画宝》

踢球　《吴友如画宝》

老鹰捉小鸡　《吴友如画宝》

嬉闹　《吴友如画宝》

抽陀螺、抖空竹、击球、抓子等。一些在儿童中非常流行的游戏，在《事物纪原》《帝京岁时纪胜》《日下旧闻考》中都有记载。如捉迷藏、翻跟头、拿大顶、掷铜钱、老鹰捉小鸡等游戏，更让孩子着迷。

跳房子一般很得10岁左右的孩子的喜爱，玩时，人数不限，两人以上就行。先用粉笔在地上画出"房子"。游戏时，先将踢物扔进第一间"房"内，单足踏入房中，边跳边踢，让子通过所有房子，由最后一间打出界外。

第一次成功后,再将子扔进第二间,第三间……依次类推,直至全部跳完,每成功一次可随意"买"其中一间房子,为双脚着地休息处。买的房子,自己的子儿不得扔进或踢入,否则即为烧了,由大家继续争夺。别人的子儿扔进已买的房子为犯规,跳时也必须跨越此间房。跳房子时,子儿和脚均不得压线。这种游戏能够锻炼孩子们在竞争中的友爱精神。

捉迷藏又名"摸瞎子",是一种集体游戏。其中有一人被蒙住眼睛,其他人以声响引逗,蒙眼者设法捉拿其他人。在捉迷藏时,参加的儿童围成一圈,选两个人在圈内活动,一个为"藏"的;另一个人当"捉"的,但必须蒙上眼睛,由"捉"追"藏"的人,一旦"藏"的被捉住,便取代"捉"的,再从圈中选一个为"藏"的,继续游戏。当然,捉迷藏不限于以上形式。

根据宋代高承《事物纪原》一书中记述:"今时小儿以铅锡为钱,装以鸡羽,呼为毽子……亦蹴鞠之遗事也。"在毽子中装上铅、锡等物,是为了使毽子的分量重一些,踢起来有较大的惯性。到了明清时代,踢毽子成为儿童中间很流行的一种游戏和娱乐活动,一直延续至今。

捉迷藏 《吴友如画宝》

踢毽子 《吴友如画宝》

十美踢球　桃花坞年画

蹴鞠图　上海博物馆藏

踢足球在儿童中也非常普遍。足球，古代称"蹴鞠"。球由皮革缝制而成，内贮兽毛。《汉书·艺文志》曰："鞠以革为之，实以毛，蹴鞠而戏也。"这种球戏可能是由弄丸发展而来的。唐代足球有很大变化，一是球场两端设门，由人防守。另外，球也有了重大改进：一是球皮由两块改为八块缝制，且更圆而美；二是淘汰了兽毛，改用尿泡充气，使足球轻巧而富于弹性。宋代又将球皮改为十二块，种类也比以前有所增加。宋辽金时期的瓷枕、铜镜、绘画上多有踢球者的形象。

儿童戏球多用石球。明刘侗、于奕正《帝京景物略》称两人玩石球时，甲在地上放一石球，不远处由乙踢自己足下的球，进而击中甲球，乙即获胜；若乙一下踢不中甲球，或踢过甲球，或踢二次仍不中甲球，乙则败北，改由甲开球。清代仍然流行此种游戏。《北京民间风俗百图》中就有儿童踢石球的形象。

参加此游戏的人员组成主要有两种：宋代瓷枕上就有一组婴戏图，即由一儿童背手踢球，这是单人表演；在近代北京儿戏中，也有多名儿童踢球的形象。

跳绳，古代又称"跳百索"，是孩子们非常喜欢的室外活动之一。明代沈榜《宛署杂记》载："至十六日，又有以长绳丈许，两儿对牵，飞摆不定，令难凝视，若百索然。其实一索也，群儿乘其动时轮跳其上，以能过者为胜，否或为索所绊，听掌绳者击之示罚，名曰'跳百索'。"具体跳法："以一绳长丈许，两儿对牵，飞摆不定，令难凝视，似乎百索，其实一也。群儿乘其动时，轮跳其上。"

跳绳可由多人参加。还有一种跳短绳游戏，由一人或两人参加。古代儿童跳绳游戏的玩法多种多样，如前甩、后甩、前交叉、后交叉、多人跳双绳、双摇飞、多摇飞、八字花，等等。儿童跳绳往往一边跳一边唱着动听的歌谣。

另外，还有跳皮筋。儿童跳皮筋的方法也有多种，可以单人跳，也可以双人跳。

放风筝在我国有着悠久的历史，也是孩子们最喜爱的活动之一。风筝，又名"纸鸢""纸鹞"等，是指借助风力原理所制作的能在空中飞翔的玩具。

风筝起源较早，传说周代公输班"制木鸢以窥宋城"。汉代韩信围项羽于垓下，以牛皮制鸢，上置吹笛者，奏楚必涣散楚军斗志。南朝时梁武帝被围在南京台城，也以风筝传书求兵。北宋以后，风筝与工艺美术相结合，更受到儿童的欢迎，如古代瓷器上就多有儿童放风筝的形象。

放风筝可一个人放，也可以多人放，也可举行比赛。比赛项目有比大小，比华美、精致、高低和技巧。有些地区还有风筝会。《广东新语》记载："南海之佛山，岁九月十日为放鹞会。"

其实，放风筝并不单纯为了娱乐，其实它的起因还在于驱疫。过去由于医学不发达，遇到小孩子患病时，人们无法医治，只好把疾病写在纸上，放飞后把线切断，认为这样，小孩子就病去身康了。这是明显的送病

放风筝　《吴友如画宝》

巫术。《常熟县志》记载:"儿童放纸鹞,以清明上,日放鹞。"因此,风筝已经成为一种吉祥的象征。

另外,游牧民族的孩子从小就练习摔跤。在蒙古族的那达慕大会上,小孩也参加骑马、摔跤的比赛,比赛双方凭力气和技术进行较量,哪方首先将另一方摔倒在地,这一方就算赢。

我国少数民族中素有摔跤的习惯,在西安出土的鄂尔多斯铜牌上就有摔跤的形象。元代蒙古族称摔跤为"力戏"。清代时期蒙古族摔跤更加驰名,文献记载甚多。《中华全国风俗志·下篇》卷九记载:"蒙人嗜好摔跤,颇有古罗马之风焉,每于鄂博祭日,为正式举行期。角者著短衣,或袒身登场而斗,以推倒对方为胜,王公或本村绅士,授胜者果品、布类,以资奖励。"

蒙古族的摔跤有自己的特点。第一,参加比赛的摔跤手必须是 2 的某次乘方数,如 8、16、32、64、128、256、512 等。第二,比赛胜负采

摔跤　故宫博物院藏

取单淘汰法。蒙古族摔跤技巧很多,可以用捉、拉、扯、推、压等十三个基本技巧,后来演变出一百多个动作,可互捉对方肩膀,也可互相搂腰,还可以钻入对方的腋下进攻,可抓摔跤衣、腰带、裤带等。《宦海沉浮录》云:"布裤者,专诸角力,胜败以仆地为定。"第三,摔跤不许抱腿。其规则还有不准打脸,不准突然从后背把人拉倒,触及眼睛和耳朵,等等。第四,摔跤手必身着摔跤服。坎肩多用香牛皮或鹿皮、驼皮制作。皮坎肩上有泡钉,以铜或银制作,便于对方抓紧。皮坎肩的中央部分饰有精美的图案,图案呈龙形、鸟形、花蔓形、怪兽形。摔跤手的套裤用十五六尺长的白绸子做成,宽大多褶,裤套前面双膝部位绣有

相扑　《中国美术全集》

琴棋书画　杨柳青年画

别致的图案，呈孔雀羽形、火形、吉祥图形，底色鲜艳，图呈五彩。足蹬马靴，腰缠一宽皮带或绸带。《点石斋画报》上还有满族摔跤比赛的形象。

四川凉山彝族也流行摔跤。摔跤方法多种多样，从摔法来说，一种叫抱摔，即双方抱紧对方的腰，一方为攻，一方为守，攻守推让，落地为败；第二种为胸摔法，腰劲大且能弯曲后仰之摔手能为之，可将对方抱起紧贴于胸，在往后仰曲的同时，用胸部的力和手的推力把对方摔于身后，或者左侧；第三种为外腿反摔，它是一种"反常"的摔法，把对方抱起来后，虚晃往左摔下，刹那间，向外（右）摔去，并以自己的右腿把对方下半身挡向内（左），使对方倒地不起。

中国古代儿童们还经常玩猜钱币之类的游戏。即用一枚铜钱做戏具，将其抛向上空，猜测其落地后为哪一面，猜中者为胜。此戏在清代时叫做"颠幕儿"。清蒋仁锡《燕京上元竹枝词》云："京师儿童掷钱为双，得面者负，得背者胜，名'颠幕儿'。"

儿童从小就喜爱动物，玩动物也是他们的天性。玩动物可以分成两类。一类是角力型的游戏，例如斗鹌鹑、斗鸟、斗鱼、斗蛐蛐，等等。《清嘉录》中谈到斗鹌鹑的情景："霜降后，斗鹌鹑角胜……每斗一次，谓之一圈，斗必昏夜。"雄性的蛐蛐善斗，幼童把蛐蛐放置在瓦罐里，用"须子"斗蛐蛐。须子一般用鼠须、马尾做成，也有用草茎做成的。儿童的角斗型活动与大人不同，并不完全为争输赢，而多是在于欢愉游戏的同时，认识动物的习性，了解大千世界。一类是观赏型，例如玩金鱼、戏小鸡、玩蝈蝈等。养蝈蝈的器物，有笼子和葫芦两种。笼子有竹制的，也有用高粱的秸杆或席篾做的。农家人多能自制蝈蝈笼子。简单的笼子编两个小孔席片，分别为上片与下片，合上下两片，扎住四角，形如河鳖，因此叫作"老鳖笼子"。用高粱的秸杆与席篾相结合，插成三角形的笼子，叫作"三角笼子"。精致的，层层插起，如楼阁状，一楼多室，每室喂养一只蝈蝈，最为讲究。用笼子养的蝈蝈，挂在院里，日夜鸣叫，家中便多了一份欢乐。儿童非常顽皮，也有掏鹊雏的活动。掏小鸟的画面上，画的是儿童正

斗蟋蟀　《吴友如画宝》

在掏喜鹊的幼雏，他们得到了幼雏，非常欣喜，而两只喜鹊在空中盘旋，发出失去幼雏的哀鸣。这幅画在反映儿童生活的同时，也有规劝的寓意。

除了以上游戏外，民间还有许多淳朴的小游戏，它们也是儿童们所喜欢的。

中国古代还有利用游戏来祈求生男孩的习俗。旧时长江中下游地区有一种传统的儿童游戏活动，叫作"牵郎郎"。玩耍时，儿童们相互扯着衣裙，一边踏着瓦片，一边口中唱着："牵郎郎，拽弟弟，踏碎瓦片不着地。"今人叶德钧《戏曲小说丛考》下引《诲初录》注云："此祝生男也，踏碎瓦，襁之以弄璋，牵衣裙，襁之以衣裳，不着地，襁之以寝床。上二句祝多生男，下一句祝其不生女。寥寥三语，赅括斯干。"其中"踏碎瓦片"这个游戏的动作很有意思。古代称生男孩为"弄璋"，称生女孩为"弄瓦"，意思是生男珍贵，生女低贱。"牵郎郎"游戏中将瓦片踏碎，其寓意是不要"弄瓦",那么当然是要"弄璋"了,即生男孩。由此可见,这种游戏方式实际上带有十分鲜明的巫术意图,它们已经演化成古人为了求子而实施的一种宗教性的风俗活动了。

金鱼 《吴友如画宝》

掏小鸟 《中国民间年画史图录》

戏小鸡 《中国民间年画史图录》

玩帼帼 剪纸

跑旱船　河北武强年画

拉小车　山东剪纸

四喜同乐　民间年画

室内游戏

　　室内游戏也离不开玩具。我国历代的儿童玩具丰富多彩、琳琅满目。观赏玩具有木雕、石雕、泥人、面塑、蜡人等；音响玩具有陶哨、瓷哨、泥哨、空竹、玻璃喇叭、拨浪鼓、花棒槌、小锣鼓、小乐器；节令玩具如元宵节的灯、春节的鞭炮、端午节的荷包、八月十五的兔儿爷；智能玩具包括七巧板、益智图、九连环，等等。

儿童最大的本领是模仿，而玩具适应并满足了他们模仿的需求，也是他们愉悦情感和开发智力的最好方法。古人深知其中的奥妙，几千年来创造出各种各样的玩具，有人物、动物、器物、七巧板、益智图等。

七巧板由七块板组成，两大块、两小块，以及一斜一中一方，通过变化可以组成动物部图式、文字部图式、山石部图式、舟船部图式，等等。每一部又可以变换出无穷的组合。真可谓："可知巧妙无穷尽，反正欹斜各见长。攸忽移时又一形，高低规矩若天成。"

室内游戏的玩具琳琅满目，丰富多彩。有泥玩具、布玩具、竹木玩具、石头玩具、金属玩具、玉玩具、陶瓷玩具等，美不胜收。这些玩具的造型

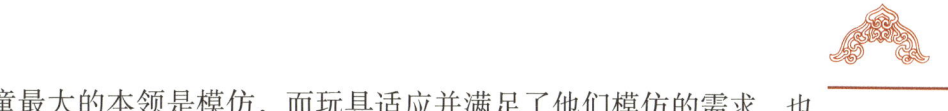

游戏图 《中国民间美术全集》

六子游戏图　河北蔚县剪纸

抚琴 泥塑

兔儿爷 泥塑

白釉褐花虎哨 宋代

绿釉骑马人哨 东汉

白釉黑彩哨子人 清代

陶埙 新石器时代仰韶文化

青釉兽头埙 金代

有千姿百态的动物，活脱生动、形态各异的娃娃，充满生活情趣的人造物，等等。

总之，玩具世界给儿童呈现的就是一个生活的世界。儿童玩具不仅具有愉乐的功能，而且寓意巧妙丰富，可以表达祈福、护佑健康长寿等内容。此外，玩具也可以表达求子心意，满族、鄂温克族的儿童玩具还有神灵信仰的色彩。

图说中国诞生礼仪

泥孩儿 宋代

泥孩 宋代

布制大老虎 山西省

竹雕童子戏牛 清代

童子戏仙山 宋代

镏金戏童带 辽代

儿童生下来不长时间，就进入了一个玩具的世界。花棒槌、拨浪鼓、哗啦棒都是儿童听声响的玩具。在玩哗啦棒时，父母嘴里还唱着这样的儿歌：

小孩小孩你别哭，你爹上了登州府。

哗啦棒，皮老虎，咕嘎咕嘎两毛五。

不倒翁女娃　河北省　　　　虎年福娃　泥塑　　　　布龟香包　陕西省

磁州窑婴戏牡丹纹罐　　　狮子滚绣球　山西省　　　五毒螃蟹　香包褂饰　甘肃省
元代

绿釉卧童　宋代

　　在玩玩具时，往往伴以口承歌谣，儿童年少时，这些歌谣一般由父母、爷爷、奶奶叙说，儿童长大后，由儿童自己说唱，从这些歌谣中，儿童可以获得各方面的知识。河南济源出土的宋代磁枕、磁人，有坐地击鼓的，

图说中国诞生礼仪

麒麟送子 泥塑

抓髻娃娃 香包褂饰
陕西省

连生贵子 香包褂饰
甘肃省

鱼娃 香包褂饰 甘肃省

桦树皮玩具 德江英提供

嬷嬷人 德江英提供

有垂钓的,有相扑,有蹴鞠,有耍杂技的,还有"磨喝乐"形象,所有这些构成了丰富多彩的儿童游戏世界。通过玩耍这些玩具,儿童的智慧得到启迪,身心得到健康的发展。

顶竿倒立俑　唐阿斯塔那古墓出土

榴子　盘髻娃　爬娃　《中国美术全集》　　童子蹴鞠瓷枕　《东南文化》

娃娃骑鼓　　　磨喝乐　　　童子垂钓瓷枕　《东南文化》
《中国美术全集》　《中国美术全集》

无锡的大阿福是有名的民间泥塑。民间传说阿福本来是天上的仙童，后来下凡吞没惠山一带的害人凶兽，使得人们安居乐业。民间泥塑的阿福形态不一，有的手捧麒麟，表现阿福的不平凡；有的端坐，表现了阿福的文明和知礼。

玩具有的是由专门制造玩具的民间艺人制造，有的是父母亲手为自己的孩子制作，他们把自己的审美理想和对孩子的希望、憧憬都凝聚在玩具上。如陕西民间喜爱的耍活儿，纯朴生动，特色鲜明。在广大的农村，传统玩具依然很受欢迎，男女老少踊跃购买，孩子们更是爱不释手，视这些玩具为自己儿时的伙伴。

鲁南一带的儿童玩泥模玩具，这是一种低陶焙烧的玩具。制品多为圆形或者椭圆形。其玩法是孩子自己动手，将泥巴填入模内，磕出各种玩具来。模子的造型有各种动物、戏剧人物等，有关日常生活中的东西，几乎应有尽有。几个小孩一起磕模子互相交流，互相赠送，既增长了知识，也增进了友谊。

中国儿童玩玩具的历史可以追溯到河姆渡文化时代。据学者考证，

陶猪 新石器时代河姆渡

五子日升
《中国民间年画史图录》

三脸娃 香包褂饰 甘肃省

陶狗 新石器时代

河姆渡文化中出现的陶猪和陶狗,是儿童玩的最古老的动物陶塑,据今已有六千九百多年的历史。此后,生动可爱的小动物玩具层出不穷。中国儿童玩具都是艺人不受自然形态的局囿,不受技法程序的约束,用不同的材料和工具塑造的,造型生动活泼,朴实大方。尤其是各种动物造型,往往头大身小,有的圆润,有的刚劲,有的诙谐,有的灵巧,在憨稚可爱中透露出一种灵性的美。猪的拙朴、虎的生气、鸟的灵秀、猫的媚态、猴的精巧、鼠的机敏、蛙的精气神都能够体现出来。自唐代以来,

瓷狗　宋代

三彩釉陶狮子　唐代

青瓷小猴　西晋

铜奔羊　东汉

黑釉马　宋

骑马人　金

白釉黑彩瓷羊

黄釉瓷猴

鼠吃葡萄　西汉

童子持莲纹青瓷壶　唐代

将儿童游戏的内容画在瓷器上的做法逐渐增多，人们在日常生活中所用的器皿上，就能接触并欣赏到儿童游戏时可爱的形象，真可谓一举两得。在玩具中还出现了双首猪、双首鸟、双首驴的形象，猪的形象粗犷质朴，更显得厚重可爱。在《山海经·大荒西经》里称这种左右有首的猪为"屏蓬"，《山海经·大荒南经》里称其为"足术踢"。有趣的是，为什么动物形象会是双首呢?《公羊传》宣公五年杨士勋疏引旧说认为："双双之鸟，一身两首，尾有雌雄，常不离散。"闻一多先生在《伏羲考》中也认为动物玩具的双首形象是对动物交尾状态的误解或者曲解，这同样也反映了人们对生殖的崇拜和对子孙兴旺的希冀。

放爆竹　民间年画　　双人龙　宋代　　　　双鱼　绣品　甘肃省

节日游戏

节日是人民狂欢的时刻。中国多彩的节日把儿童带到了一个无比欢乐的世界。"爆竹声中一岁除，春风送暖入屠苏。"中国56个民族，有30多个民族有过春节的习俗。烟花爆竹是春节的重要活动之一。烟花爆竹可谓是中国最为著名的节令玩具了，南北朝时爆竹就与除旧迎新联系在了一起。宗懔《荆楚岁时记》载《梦粱录外四种》："正月一日是三元之日也。谓之端月。鸡鸣而起，先于庭前爆竹以辟山臊恶鬼。"明清时期，新年时燃放爆竹更为普遍，燃放爆竹的时间也不限于大年初一。爆竹的种

花灯 剪纸

八卦灯

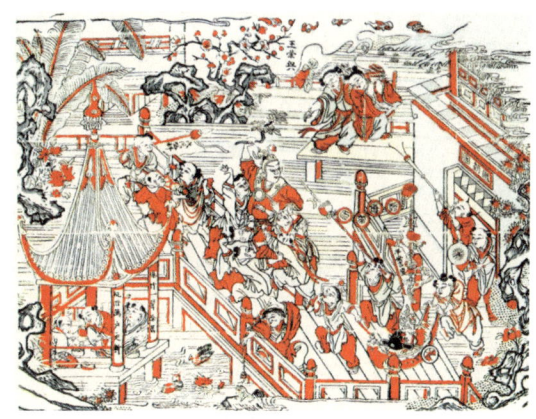

欢乐节日 杨柳青年画

类非常多,有地老鼠、水老鼠、霸王鞭、竹节花、金盆捞月、叠落金钱,等等。当时还有专门供儿童玩耍的烟花品种——小黄烟与滴滴金。儿童们一边唱着"滴滴金,梨花香,买到家中哄姑娘"的歌谣,一边欣赏着火树银花的场景,非常快乐。

中国人在农历正月十五元宵节期间,都有放花灯的活动。元宵节供儿童玩耍的花灯种类繁多,《帝京岁时纪胜》对元宵节的花灯有着详细的记载:"悬挂则走马盘香,莲花荷叶,龙凤鳌鱼,花篮盆景;手举则伞扇旛幢,关刀月斧,像声人物,击鼓摇铃。迎风而转者,太极镜光,飞轮八卦;击拽而行者,狮象羚羊,骡车轿撵。"明定陵出土的万历刺绣"百子衣"上,就有儿童持灯"庆赏元宵"的场景。儿童持的灯有兔子灯、羊灯、鱼灯、莲花灯、荷花灯,以及各种各样的戏剧人物、小说人物灯,等等,大都取其吉祥之意。供儿童玩耍的小型花灯羊灯,为北京的传统灯品。一般先用竹篾扎成羊形骨架,外糊多层白绵纸穗,如缕缕羊毛;羊头与其项间相连处有活动关节,腹燃烛火后,羊头会频频摆动,颇为生动。除了手举的玩具灯外,还有一种"车灯",通常是在肖形灯的下面装四个木轮或泥轮,点燃后系绳牵动,行走如车,颇受儿童的欢迎。清末,这种小型花灯的题材有所变化,根据流行时尚还出现了火车灯、飞机灯、汽车灯等新花样,而且还引入了电力照明,原来的蜡烛也换成了灯泡,更加明亮动人。元宵之夜,孩子们个个提着花灯,你看我的,我看你的,比谁的好看,比谁的亮堂,欢乐无比,其乐融融。

放飞风筝历来受到我国青少年的喜爱,从遥远的古代一直流传至今。放风筝是上元之后、清明之前在民间广为流传的非常普及的岁时娱乐活动。

放风筝需要往复奔跑,需要有宽敞的空地。郊外地势平坦,没有树木房屋的阻隔,当是放风筝的最好场所。北京城人口众多,房屋密集,很多迫不及待的儿童甚至"置身檐瓦放风筝"。儿歌中也有对放风筝的描绘:"跑竹马,放纸鸢,春风摆柳好神气。大沙燕,蜈蚣排,蝴蝶还要送饭来。哥哥抖筝慢慢跑,姐姐放鸢留神栽。我筝锣鼓嬉笑声,他筝弦音阵阵哀。"清末画家吴友如的《纸鸢遣兴图》描绘了福建重阳节放风筝的习俗,上面题曰:"闽中风俗,重阳日都人士女,每在乌石山、于山、屏山上,竞放风筝以为乐。""儿童放学归来早,忙趁东风放纸鸢。"把顽童迫不及待欲放风筝玩耍的心情刻画得淋漓尽致。

七月七日是中国的情人节,是传说中的牛郎织女相会的日子。山东等地儿童在这一天多玩烙巧果。

游戏棉衣　刺绣

制作巧果时，先用杜木梨制成巧饼模子，然后在上面制作各种各样的巧果。制成后，人们把巧果给家中的小孩套在脖子上，让小孩边吃边玩。七月十五是中元节，中元节儿童盛行玩"斗灯会"。清夏仁虎《旧京锁记》记载："中元亦有灯，多做莲花形，或折为莲瓣，集成禽鸟状，或采巨蒿，悬香于上燃之，密如繁星，璨如火树，谓之蒿子灯，昔人有作蒿灯曲者。里巷小儿百十为群，各持莲花灯而舞，亦颇有致。"

中元节正值夏季，除了以彩纸折成莲花瓣状的花灯以外，人们多利用自然生长的植物做花灯。最多见的当属荷叶灯和蒿子灯。荷叶灯制作方法很简单，先采摘整片荷叶，然后在荷叶上点一支蜡烛，点燃后，小孩子就可以手持荷叶在街上游玩了。蒿子灯须采摘野外生长的蒿子，然后将高香点燃之后，固定在蒿子顶端，供孩子游玩。《燕京岁时记》记载："中元黄昏以后，街巷儿童以荷叶燃灯，沿街唱曰：荷叶灯，荷叶灯，今日点了明日扔。"

中秋节儿童们玩兔儿爷等玩具。兔儿爷是北京地区著名的传统节令玩具。有关兔儿爷的最早记载见于明末纪坤所著的《花王阁剩稿》："京师中秋节多以泥抟兔形，衣冠踞坐如人状，儿女礼而拜之。"清代以后，兔儿爷的形象除了"衣冠踞坐如人状"，还有各种千奇百怪的造型，《燕京岁时记》记载兔儿爷的形象"有衣冠而张盖者，有甲胄而带寿旗者，有骑虎者，有默坐者。大者三尺，小者尺有余，其余匠艺工人无所不备"。

兔儿爷最初是作为中秋祭祀的对象出现的，正像《花王阁剩稿》中所记："儿女礼而拜之。"杨柳青木版年画中有一幅《桂序升平》图，是当时儿童礼拜兔儿爷的真实写照。图中兔儿爷案中高坐，面前供有西瓜、石榴、桃和月饼。两童子跪拜，另一稍长者击磬助兴。对这一风俗魏之琇有《兔儿爷》诗曰："蟾宫桂殿净无尘，剪纸团如月满轮。别有无知小儿女，烧香罗拜兔儿神。"

有关节日的游戏还有很多，这里就不一一描述了。

一组形象生动的兔儿爷　泥塑　北京市

第三节　　学馆教育

随着儿童年龄渐长,家庭把对儿童的学馆教育也逐渐提上议事日程。过去学童就读的地方叫私塾、书馆、学塾、蒙馆,等等。学馆教育不仅是最早的社会教育,而且也是儿童的启蒙教育。中国人从很早以前就非常重视儿童的启蒙教育。《周易·序卦》曰:"物生必蒙,故受之以蒙。蒙者,蒙也,物之稚也。"许多教育家从早施教的角度理解"蒙以养正,圣功也"。与家庭教育相比,学馆教育更为系统,也更为正规。

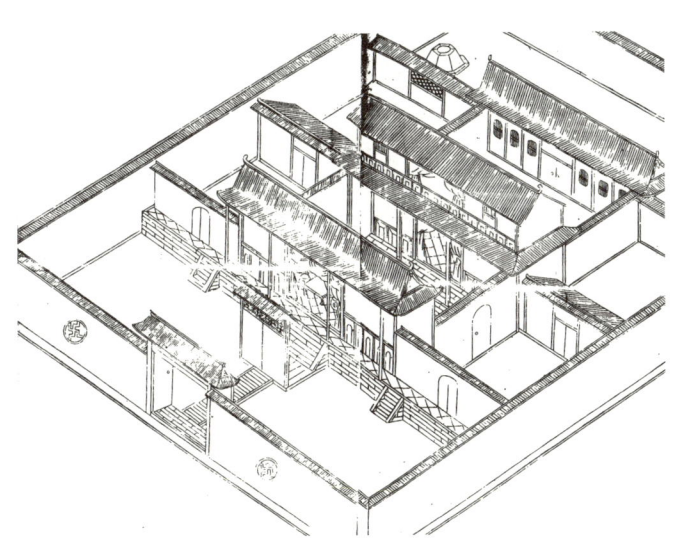

学馆之图　《清俗纪闻》

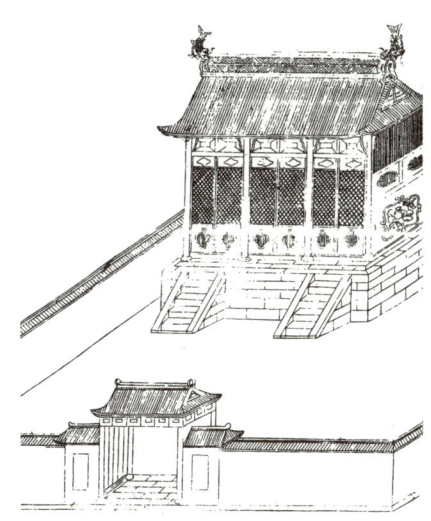

祠堂　《清俗纪闻》

县学 《清俗纪闻》

书生礼拜之图 《清俗纪闻》

招饮先生之图 《清俗纪闻》

对于孩子什么时候上学,古人也颇有讲究。一般孩子七岁时,就要进学馆上学,一直到现在也是如此。为什么把上学年龄定为七岁呢?汉代《白虎通》有七岁为阳、八岁为阴的说法。民间传说"七上八下",意思是说七可以向上,中国的传统观念崇阳抑阴,七为阳刚,为奋进,为顺利,所以定为七岁。孩子在上学的时候,有祭拜孔子的习俗。因为孔子是我国著名的哲学家、教育家、思想家,家长都希望自己的孩子长大后出将入相,所以礼拜孔子就成为我国传统教育的第一课。

学馆诸生列位之图 《清俗纪闻》

广东饶平把小孩入学称之为"破学书"。入学的当天,父母要备办葱、蒜、芹菜、韭菜、猪肝及有"须"的鱼,分别煮后给入学的小孩吃。入学要带礼品拜孔子。学校在礼堂正中设置一个神牌,上写"大成至圣先师孔夫子神位"。小孩由父母带着,祭品有糖果数块、青葱一束、红鸡蛋一至二对、麒麟贴一张(里面印有祷祝词及姓名)以及笔墨。祭拜后,将祭品部分送给先生(教员),就算是孩子正式上学了。当天或数天后,还要请先生给孩子起个学名,以后在学校就使用学名。每年农历八月二十七日孔子诞辰,学生都要参加庆典活动,届时,可以请戏(木偶戏)演出。

私塾 《中华民俗百图》

佛山石湾人读书,大都在七岁开始。

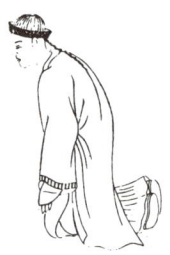

招饮先生之图 《清俗纪闻》

儿童读书 焦秉贞绘

旧时，石湾没有学校，都是乡间书塾，一年之中也无所谓学期，什么时候都可以开学，但大多选在一年之初。开学前一天，学童晚上洗完澡之后，不能被别人抚摸头部，据说，如果被人抚摸头部，就会变得愚蠢。开学的这一天，天还未亮就要起床，起床后，学童只能待在床上，不能下地，待拜过神、吃过汤丸之后才可以下地。拜神的礼物除了烧肉、糕点之外，还有油角，而且是没有馅的空心角，据说这些食物有"灵通聪明"的意思。

除了敬孔子之外，孩童还要尊敬老师。在四川西部，富裕人家请教书先生到家中培育子弟，还有请"上学酒"的习俗。宴请包括以下步骤：首先要请祀先师，也就是祭孔子，然后家长要向老师行礼，表示对老师的尊重，最后弟子要向老师磕头，是时，要请当地德高望重的人士前来参加。

学生的课本主要是《三字经》《百家姓》《幼学诗》《弟子规》《声律启蒙》《朱子家训》《增广贤文》等。《声律启蒙》值得一提，它是专门训练儿童对偶技巧和声韵格律的启蒙读物，涉及单字到双字对、三字对、五字对、七字对、十一字对，等等。节奏明快，读起来朗朗上口，其中所包含的知识上至天文地理下至百姓民生、花鸟草木、人物器物，应有尽有。

开课仪式 《绍兴百俗图赞》

状元图考 明代

富贵子女 《中国美术全集》

第七章 幼儿的教育

这些教材都是按照汉语的音韵编写的,这样更便于儿童记忆和阅读。

入学时,老师首先选出"幼儿学,壮而行,上致君,下泽民……"连教三遍,等学生会念了,就握着学童的手让其开笔习字。学童开笔习字时,先要给老师送红包。当老师收下红包时,开笔仪式即宣告完成。儿童学习的内容比较多,"上大人,孔乙己,化三千,七十士",等等,都是学习的内容。

爱动是幼童的天性。有意思的是,旧时的学馆把糯米粉做成的称为"扑撑"的饼放在椅子上,目的是为了让幼童可以牢牢地坐在椅子上,专心致志地读书。

学馆教育的最终目标是实现"状元及第""五子夺魁""辈辈封侯"的期望。

沧海变桑田,上下几千年。这个传统观念一直主导着中国人民,"万般皆下品,惟有读书高"的观念至今仍是人们追求的目标。学馆教育的深刻内涵,由此可见一斑。

状元及第

主要参考文献

[1] 吴友如. 吴友如画宝 [M]. 北京：中国青年出版社，1998.
[2] 宋兆麟. 中国生育信仰 [M]. 上海：上海文艺出版社，1999.
[3] 宋兆麟. 中国民间神像 [M]. 台北：台湾汉扬出版股份有限公司，1995.
[4] 来新夏. 清刻观音变相图 [M]. 天津：天津人民美术出版社，2005.
[5] 王树村. 中国古代民俗版画 [M]. 北京：外文出版社，1992.
[6] 靳之林. 生命之树 [M]. 桂林：广西师范大学出版社，2002.
[7] 曹振峰. 民间玩具、剪纸、皮影 [M]. 北京：人民美术出版社，1988.
[8] 张宪昌. 东昌府木版年画 [M]. 北京：人民美术出版社，2002.
[9] 周心慧. 中国古版画通史 [M]. 北京：北京学苑出版社，2000.
[10] 李友友. 民间玩具 [M]. 北京：中国轻工业出版社，2005.
[11] 孙欣. 民间绘画 [M]. 武汉：湖北美术出版社，2002.
[12] 刘晓霞，毛宝枝. 透析伏羲神话 [J]. 寻根，2005，（5）.
[13] 邢莉. 中国诞生礼 [M]. 上海：上海文艺出版社，2001.
[14] 邢莉. 中国女性民俗文化 [M]. 北京：中国档案出版社，1995.
[15] 西部布堆画艺术 [M]. 北京：外文出版社，2003.
[16] 王明发. 画像砖 [M]. 沈阳：辽宁画报出版社，2001.
[17] 吴玉贤. 海神妈祖 [M]. 北京：外文出版社，2001.
[18] 靳之林. 抓髻娃娃 [M]. 桂林：广西师范大学出版社，2001.
[19] 胡彬彬. 湘西楠木雕 [M]. 天津：天津人民出版社，2004.
[20] 马志强，彭兴林. 潍坊民间孤本年画 [M]. 济南：山东画报出版社，2003.
[21] 苏州桃花坞木版年画 [M]. 南京：江苏古籍出版社，1991.
[22] 焦德森. 中国画像石全集：山东汉画像石 [M]. 郑州：河南美术出版社，2000.
[23] 山东省博物馆，山东省文物考古研究所. 山东汉画像石选集 [M]. 济南：齐鲁书社，1982.
[24] 刘建超. 杨柳青木版年画：世俗辑 [M]. 天津：天津杨柳青画社，1983.

[25] 乐其鳞. 民间育儿求吉通书 [M]. 北京：北京气象出版社，2003.
[26] 张正明. 楚文化史 [M]. 上海：上海人民出版社，1987.
[27] 董增旭，等. 南天瑰宝 [M]. 昆明：云南美术出版社，1998.
[28] 武一生. 中阳民俗剪纸 [M]. 北京：北京美术摄影出版社，1990.
[29] 张德宝，等. 中国风俗图像解说 [M]. 上海：上海书店出版社，1999.
[30] 夏风. 民间木雕与图案：造像卷 [M]. 杭州：浙江大学出版社，2004.
[31] 李松. 中国美术：先秦至两汉 [M]. 北京：中国人民大学出版社，2004.
[32] 朱炳祥，普珍. 摩哈苴彝村文化符号的人类学还原 [M]. 昆明：云南人民出版社，1999.
[33] 王红旗，孙晓芹. 中国古代神异图说 [M]. 北京：现代出版社，1995.
[34] 马正荣. 贵州腊染 [M]. 贵阳：贵州民族出版社，2003.
[35] 钟涛. 苗绣苗锦 [M]. 贵阳：贵州民族出版社，2003.
[36] 苑志贤. 贵州古傩 [M]. 贵阳：贵州民族出版社，2004.
[37] 钟涛. 苗族剪纸 [M]. 贵阳：贵州民族出版社，2003.

结 语

"人从哪里来,到哪里去?"这是自人诞生之初就存在的哲学命题。"天地缊缊,万物化醇,男女媾精,万物化生。"这是《易经·系辞下》对上述问题的回答。

八卦的两个基本符号"—"和"--"是抽象阴阳概念的简洁符号,也是表明男性与女性的两个符号。这两个符号既相异又相交,阳中含阴,阴中包阳,阴阳变化,是谓"易有太极,是生两仪,两仪生四象,四象生八卦"。这个公式后由老子表述为"一生二,二生三,三生万物"。阴阳八卦是原始先民通过思索人类自身的繁衍、周围各种动植物的繁衍、天地的运转和季节的轮回而产生的相对的概念,并从中提炼出来的涵盖一切自然科学与社会科学的体系。这就是东方人的智能,这种智能不仅是一种思维方式,而且是一种行为方式。阴阳象征符号是如何开始的?其中一说认为这两个符号来自原始社会的性符号。果真如此,中国的生育文化不就成为启迪中国人智能的源泉了吗?

哲学的匹配与自然的匹配所具备的化生机能被儒家的伦理规范为"德"。"天地之大德曰生"(《易经系辞下》),这既歌颂了匹配关系,又从哲学上肯定了匹配关系为"生"的前提,不仅为东方悠久的农业大国保证人口的繁衍提出了理论依据,而且还为人类赖以生存的自然界不致毁灭发出了呼吁。

生育文化是中国非物质文化遗产的重要组成部分。为了保护这种珍贵的文化遗产，世界图书出版西安有限公司决意出版《图说中国礼仪丛书》，我接受了国家博物馆宋兆麟研究员的指导和建议，承担了《图说中国诞生礼仪》一书的撰写工作。

在撰写的过程中，与宋兆麟先生以及世界图书出版西安有限公司的编辑们多有沟通，并接受了他们宝贵的建设性的意见，在此表示衷心的感谢。在撰写过程中，除参考了多本书籍外，还得到了多位同志的具体帮助，特别是曾经就读于中央民族大学的博士佟洪举和中央民族大学博物馆副馆长、副研究员刘军给予了较大帮助，在此一并致谢。

邢莉